実践
弁護士業務広告Q&A
規制の理解を踏まえた効果的な顧客訴求

東京弁護士会法友会［編］

ぎょうせい

はじめに

法友会は、東京弁護士会で約2800人余りの弁護士会員を擁し、活発に政策立案・提言等を行っている会派（任意団体）です。

平成12年4月、日弁連が弁護士による依頼者の獲得を目的とする広告（弁護士業務広告）を解禁してから20余年、インターネットの急速な普及もあり、いまや、弁護士業務広告は、弁護士に相談してみようかと考えるすべての人々にとって、弁護士情報を得るためのツールとして、欠くことのできないものになりました。

日弁連は、広告解禁当初から、品位を損なう不適切な広告により、国民の利益が損なわれないよう、弁護士を厳しく律してきました。しかしながら、広告により多数の依頼者を集めた法律事務所で非弁業者が預り金を費消するというような不祥事が発生しており、このような不祥事が広告を契機とする大量受任によるということは大きな問題です。さらに、現状の弁護士業務広告を見ると、広告への所属弁護士会の記載漏れ・「○○相談センター」の表記等、形式的な違反を含む、初歩的な違反広告が見受けられるというのが現実です。

他方、一般市民の法的需要に真摯に応えようと考え、業務広告を出そうと検討している会員の中にも、日弁連による広告規制を十分に理解していないことから、作成した広告が違反広告となるのかどうか不安に思っている若手弁護士もいると聞きます。

そこで、法友会では、東京弁護士会において非弁業者や非弁提携弁護士の取締りに実際に携わった経験のある石本哲敏先生を中心に法友会会員の皆様の執筆により、弁護士業務広告について、実践的でわかりやすい解説書を発行するべく本書を企画しました。

すでに広告を出している弁護士はもちろん、これから広告を出そうと考える弁護士にとって、広告を見て弁護士への依頼を検討するすべての皆さんにとって、さらには弁護士のために広告を制作する広告業者の皆さんにとって本書が参考になれば幸いです。

最後にこの場を借りて、編集・執筆に当たられた皆様に厚く感謝と御礼を申し上げます。

2021年（令和3年）12月

平成21年度　法友会幹事長
平成27年度　東京弁護士会会長

伊　藤　　茂　昭

はしがき

本書は、東京弁護士会内の任意団体である「法友会」(弁護士会員約2800名)の令和3年度業務改革委員会において、企画し、弁護士業務広告問題を日頃から研究している執筆者を募り、編集、発刊されたものです。

法友会の業務改革委員会では、これまで各種改正法の解説書や民事裁判のIT化に向けた解説書等の発刊の他、法友会会員弁護士の業務に役立つ研修、他士業や他業種の方との交流等会員弁護士の業務改革、業務改善に役立つ各種企画を立案、実施しています。

本年度は、弁護士業務適正化問題につき日頃から取り組んでいる石本哲敏業務改革委員会委員長を中心に、「攻めの業革」、「守りの業革」をテーマに各種企画を立案、実施しており、本書の発刊もその一環となります。

ホームページやSNSに限らず弁護士の業務広告は、それが効果的に活用されるならば、弁護士にとって業務の拡張に有効であることはもちろんですが、市民の皆様にとっても、弁護士へのアクセスを確保する重要な手段となります。しかし、その一方、過熱する広告競争の結果、「誇大広告」、「虚偽広告」等不正、不当な広告が生じないよう、日弁連は業務広告の適正化を目指し、「弁護士等の業務広告に関する規程」(平成12年3月24日会規第44号)及び「外国法事務弁護士等の業務広告に関する規程」(同会規第45号)を制定し、さらにこれらの解釈、運用基準として、平成24年3月15日の日弁連理事会において「業務広告に関する指針」を、ウェブサイト上の業務広告に関して、平成30年1月18日同理事会において「弁護士情報提供ウェブサイトへの掲載に関する指針」を各議決しています。

さらに、業務広告がいわゆる「非弁提携」と結びつく危険性も指摘されています。現に、その結果、重い懲戒処分や破産という事態を招いている事案も発生しています。

以上のとおり弁護士業務広告には、有効性と落とし穴が背中合わせの関係にあります。本書は、弁護士業務広告のあり方につき、身近な事例を用いてQ&Aの形式でわかりやすく解説しています。

本書が、弁護士の皆さんにとって、適正・公正かつ効果的な広告を行うにあたっての指針、参考になることを願っております。また、弁護士に依頼されようとする市民の皆様にとっても、正しい広告を見極め、弁護士へアクセスするにあたってのご参考になれば幸甚です。

本書の出版にあたり多大なご尽力を頂いた株式会社ぎょうせいのご担当者には心より感謝申し上げます。また、本書の執筆にあたられた法友会会員の皆様にも感謝と御礼を申し上げます。

2021年（令和3年）12月

東京弁護士会
2021年（令和3年）度　法友会幹事長
船　木　　秀　信

凡　　例

1　法令・規程名略語

本文中の法令、弁護士会規程等の名称は基本的に正式名称で記したが、規程等は次に掲げる略語を用いた。

広告規程	弁護士等の業務広告に関する規程 （平成12年3月24日会規第44号）
基本規程	弁護士職務基本規程 （平成16年11月10日会規第70号）
広告指針	業務広告に関する指針 （平成24年3月15日理事会議決）
外国弁護士広告規程	外国法事務弁護士等の業務広告に関する規程 （平成12年3月24日会規第45号）
債務整理規程	債務整理事件処理の規律を定める規程 （平成23年2月9日会規第93号）
法律事務所名称規程	法律事務所等の名称に関する規程 （平成18年3月3日会規第75号）
外国弁護士事務所名称規程	外国法事務弁護士事務所等の名称等に関する規程 （平成18年3月3日会規第76号）
報酬規程	弁護上の報酬に関する規程 （平成16年2月26日会規第68号）
ウェブサイト指針	弁護士情報提供ウェブサイトへの掲載に関する指針 （平成30年1月18日理事会議決）

2　裁判例

裁判例を示す場合、「判決」→「判」、「決定」→「決」と略した。また、裁判所の表示・判例の出典については、次のア、イに掲げる略語を用いた。

ア　裁判所名略語

最（最大）	最高裁判所（最高裁判所大法廷）
○○高	○○高等裁判所
○○地	○○地方裁判所

イ　判例集出典略語

民　集	大審院民事判例集／最高裁判所民事判例集
刑　集	大審院刑事判例集／最高裁判所刑事判例集
行裁例集	行政事件裁判例集
判　時	判例時報
判　タ	判例タイムズ
LEX/DB	LEX/DBインターネット（TKCローライブラリー）

編集委員・執筆者一覧

【編集委員】（五十音順）

石本　哲敏（代表・総監修）

川原　奈緒子　　古在　克子　　鈴木　ゆりか

髙砂　太郎　　吉原　恵太郎

●執筆者一覧（五十音順）

呰　真希（あざ　まき）

〒103－0013　東京都中央区日本橋人形町3－7－2 原ビル5階

ラフィネス法律事務所

Tel 03－5623－4577

石本　哲敏（いしもと　あきとし）

〒100－0005　東京都千代田区丸の内1－8－2 鉄鋼ビルディング3階

石本哲敏法律事務所

Tel 03－6268－0068

伊藤　治（いとう　おさむ）

〒102－0083　東京都千代田区麹町2－2 VORT半蔵門Ⅱ6階

扶桑合同法律事務所

Tel 03－3515－2251

伊庭　潔（いば　きよし）

〒155－0031　東京都世田谷区北沢2－36－1

下北沢法律事務所

Tel 03－3460－8672

大迫　恵美子（おおさこ　えみこ）

〒167－0051　東京都 杉並区荻窪5－27－6 中島第1ビル901

荻窪法律事務所

Tel 03－3391－3064

尾形　達彦（おがた　たつひこ）
〒100－0004　東京都千代田区大手町1－5－1
大手町ファーストスクエアWest18階
島田法律事務所
Tel 03－3217－5165

金子　正志（かねこ　まさし）
〒101－0047　東京都千代田区内神田3－9－3 喜助神田西口ビル3階
金子正志法律事務所
Tel 03－5298－2878

川原　奈緒子（かわはら　なおこ）
〒105－0001　東京都港区虎ノ門1－12－9 スズエ・アンド・スズエビル5階
東京グリーン法律事務所
Tel 03－5501－3641

菊地　健治（きくち　けんじ）
〒104－0061　東京都中央区銀座2－12－3 ライトビル9階
菊地法律事務所
Tel 03－3541－5626

倉田　就介（くらた　しゅうすけ）
〒108－0075　東京都港区港南1－9－36 アレア品川13階
品川CS法律事務所
Tel 03－3450－3546

古在　克子（こざい　かつこ）
〒104－0061　東京都中央区銀座8－10－4 和孝銀座8丁目ビル3階
エイル銀座法律特許事務所
Tel 03－6255－0333

小町谷　悠介（こまちや　ゆうすけ）
〒100－0006　東京都千代田区有楽町1－7－1 有楽町電気ビル北館16階
弁護士法人小野総合法律事務所
Tel 03－3218－1211

髙橋　秀一（たかはし　ひでかず）
〒105－0003　東京都港区西新橋1－2－9 日比谷セントラルビル8階
小川・友野法律事務所
Tel 03－3504－1551

富澤　章司（とみざわ　しょうじ）
〒105－0004　東京都港区新橋1－18－2 明宏ビル7階
セントラル法律事務所
Tel 03－3508－0707

林　俊孝（はやし　としたか）
〒108－0075　東京都港区港南1－9－36 アレア品川13階
品川CS法律事務所
Tel 03－3450－3546

松岡　直哉（まつおか　なおや）
〒105－0001　東京都港区虎ノ門1－1－21 新虎ノ門実業会館8階
長尾敏成法律事務所
Tel 03－5157－1423

松山　憲秀（まつやま　のりひで）
〒102－0074　東京都千代田区九段南3－8－10 川内ビル8階
九段南台法律事務所
Tel 03－3511－1050

吉直　達法（よしなお　たつのり）
〒160－0023　東京都新宿区西新宿8－15－3 西新宿ローヤルコーポ605
吉直法律事務所
Tel 03－5309－2573

吉田　和美（よしだ　かずみ）
〒100－0005　東京都千代田区丸の内1－8－2 鉄鋼ビルディング3階
石本哲敏法律事務所
Tel 03－6268－0068

目　次

はじめに

はしがき

凡　　例

編集委員・執筆者一覧

第1章　弁護士業務広告規制の基礎

1　弁護士業務広告とは ……………………………… 2

Q1　弁護士業務広告とは何ですか。

2　弁護士業務広告に該当するか否かの判断基準 ……………… 4

Q2　①　私は、SNSを利用し、法律改正や裁判例に対する批判を公表しています。もっとも、自分と特定されることを回避するため、ハンドルネームで公表しており、私が特定されることはありません。問題はありますか。
②　私は、SNSで、名前を出して法律改正や裁判例に対する批判をしていますが、弁護士であることは公表していません。事務所のホームページと私のSNSはバナーで紐づけているため、私がその事務所に所属する弁護士であることは分かると思います。問題はありますか。
③　私はTwitterを実名で行っており、営業活動として広告や告知事項もツイートしたいと思っています。ツイートにあたり禁止される事項や気を付けるべき事項を知りたいです。
④　私は弁護士ですが、実名で、FacebookやInstagramに、趣味の登山の写真を掲載しています。これにも広告規制がかかるのでしょうか。

3　なぜ、今弁護士業務広告なのか ……………………………… 9

Q3　弁護士業務広告禁止を撤廃することになった経緯を教えてください。

4　「知らない」では済まされない、弁護士広告規制 ………… 11

Q4　私の事務所では広告をする予定がないのですが、このような事務所でも弁護士業務広告の規制内容を知っておく必要があるのでしょうか。

5　弁護士業務広告と懲戒事例 ……………………………… 14

Q5　過去に法令違反や会規違反などの理由で懲戒処分がなされた広告としてはどのようなものがありますか。

6　弁護士業務広告に対する規制の概要 ……………………… 17

Q6　弁護士による広告について、日弁連に指針はありますか。

7　弁護士業務広告に対する規制の理由 ……………………… 19

Q7　他の業種に比べ、弁護士に対する広告規制は厳しいようですが、それはなぜですか。

8　弁護士報酬についての曖昧かつ不正確な表現 ……………… 21

Q8　集客のため、「今なら、当事務所基準の弁護士報酬30%オフ！」というキャンペーンを行おうと考えています。問題はありますか。

9　非弁行為 ……………………………………………………… 23

Q9　非弁行為とは何ですか。

10　非弁提携 ……………………………………………………… 26

Q10　非弁提携とは何ですか。どのような場合に非弁提携になるのでしょうか。

11　弁護士が事務員を補助者として使う場合の注意点 ………… 28

Q11　事務員を補助者として使うことがありますが、注意すべき点はありますか。

12　弁護士業務広告と非弁・非弁提携の関係 ………………… 30

Q12　弁護士業務広告は、どうして非弁提携と結びつく場合があるのですか。

13　大量処理を謳う弁護士業務広告 …………………………… 31

Q13　「昨年の解決件数○○万件」、「過払い案件○○万件」など、弁護士だけでは到底処理できるとは思えない件数の広告を見かけますが、そのような大量処理は可能なのでしょうか。

14　非弁提携事案で問題となった弁護士業務広告 ……………… 33

Q14　非弁提携事案で問題となった広告があれば教えてください。

15 弁護士業務広告を業者に依頼する場合の注意点 ……………35

Q15 最近、弁護士に対するコンサルティングや広告を勧める業者からのセールス電話がかかってきます。このような業者から話を聞いたり、業者にコンサルティングや広告を依頼したりする場合、注意すべき点はどういった点ですか。

16 弁護士法72条における「事件性」……………………38

Q16 弁護士法72条の「一般の法律事件」に該当するというためには、訴訟事件や非訟事件と同様の「事件性」が必要なのではないかという議論がありますが、どのように考えればよいでしょうか。

コラム　非弁提携弁護士による、違法な勧誘との闘い……………44

コラム　なりすまし詐欺―まさか、自分の事務所が？……………48

第2章　広告規制の基本～こんな広告はダメ！

1 最低限の義務……………………………………52

Q1 弁護士業務広告について、必ず記載しなければならない文言はありますか。

2 禁止広告の概要 ………………………………57

Q2 弁護士業務広告のうち、禁止されている広告はありますか。

3 表示できない広告事項 …………………………63

Q3 弁護士業務広告について、記載してはいけない事項などはありますか。

4 広告をした弁護士の義務 ………………………70

Q4 弁護士業務広告をした場合に、資料の保管義務などはありますか。

5 訴訟の勝訴率、破産事件の免責許可率、刑事事件の不起訴率 ‥74

Q5 弁護士として通常行うべき処理をしていれば、ある程度得られる結果の訴訟の勝訴率、破産事件の免責許可率、刑事事件の不起訴率を、広告で事務所の実績として訴求したら、広告規制上何か問題がありますか。

6　専門分野、スペシャリスト、プロ、エキスパート …………78

Q6　弁護士業務広告で、「○○専門」と書くことには何か問題がありますか。

7　○○相談センター ……………………………………………81

Q7　事務所のウェブサイトに、各分野の法律相談を誘引するために、「相続・遺言・遺産分割相談センター」、「離婚相談センター」、「債務整理相談センター」と題するページを作りました。何か問題はありますか。

8　「お客様の声」・解決事例 ……………………………………85

Q8　広告上で実績のアピールとして過去に扱った事例を紹介したいと思っていますが、守秘義務との関係が気になります。どのような記載であれば問題ないか、基準などを教えてください。

9　比較広告・品位 ………………………………………………92

Q9　依頼者集客のため、電気量販店のコマーシャルを真似て、「どこよりも安く！他の事務所の見積より高い場合は、安くします！」という広告を予定しています。問題はありますか。

10　権利侵害となる広告の例 ……………………………………95

Q10　事務所のウェブサイトで官公庁やその他の団体などのウェブサイト上の情報を記載する場合の注意事項を教えてください。

コラム　「ダメ広告」チェックリスト…………………………………97

コラム　法律事務所ホームページの具体的な参考例………………99

第3章　攻めの広告～DM、戸別訪問、電話営業

1　ダイレクトメール（郵便）１―基本…………………… 102

Q1　事務所の営業活動としてダイレクトメールを送りたいと考えていますが、禁止されていますか。また許される場合にはどのような点に気を付ければよいでしょうか。

2　ダイレクトメール（郵便）２―事務所報 ……………… 107

Q2　事務所では、定期的に事務所報を発行して、依頼者や弁護士に郵送しています。裁判例の動向や法律の問題点を指摘する内容で、おしゃれな感

じを出すためにタイトルを「薫風」とし、敢えて事務所報であることをうたっていません。問題はありますか。

3　ダイレクトメール（郵便）3—顧客名簿 …………………… 109

Q3　弁護士向け顧客開拓コンサルの人に、「消費者金融会社を退職した人が、顧客台帳を持っています。この人が設立した会社と業務提携し、その台帳を利用して債務者にダイレクトメールを送り、債務整理や過払い金請求の営業をすれば、効率よく集客できます。」といわれました。この話に乗ってよいものでしょうか。

4　電子メールによる広告 …………………………………… 113

Q4　出身学校の同窓会名簿に記載された電子メールアドレスに、「遺産分割・離婚・債務整理・債権回収が得意な弁護士です。気軽に相談してください。」と記載した電子メールを一斉送信して、顧客開拓をしようと思いますが、問題はありますか。

5　電話営業（アウトバウンド・セールス） …………………… 117

Q5　広告業者から、「『債務整理診断』、『過払い金診断』といったウェブサイト（ウェブ広告）を作成し、当該ウェブサイトの閲覧者のうち、氏名・電話番号欄に自己の情報を記入してきた方に対し電話営業をすることが効果的です。当社が用意する営業専門のコールセンターがあるので、電話対応の手間もかかりません。」と勧められました。このような誘いに応じてもよいものでしょうか。

6　広告記事 ……………………………………………………… 121

Q6　①　メディアと称して弁護士のインタビュー記事を載せたいという電話がかかってきます。これも実質的には弁護士業務広告の勧誘ではないのでしょうか。このようなインタビューに応じることには何か問題がありますか。
②　出版社から、有料で弁護士ランキングの記事を掲載する企画があるとの営業電話がありました。注意すべきことは何ですか。

7　弁護士紹介サイト …………………………………………… 126

Q7　インターネットには、弁護士紹介サイトがたくさんありますが、非弁提携が疑われるものもあると聞いています。どのようなサイトなら大丈夫なのでしょうか。

コラム　広告を見る一般市民が弁護士業務広告で知りたい情報 ‥‥ 131

第4章　弁護士会の対応

1　違反広告の排除 …………………………………… 136

Q1　①　弁護士会は問題のある弁護士業務広告があるとの情報提供を受けた場合、どのような対応をしていますか。
②　広告規制に違反したり、非弁提携を行った場合、弁護士はどのような不利益を受けますか。

2　弁護士会の相談窓口 ………………………………… 139

Q2　弁護士業務広告に対する規制について、悩んだ場合の相談窓口は、弁護士会にありますか。

3　違反広告であるとして調査を受けたときの対応 ………… 144

Q3　所属弁護士会から広告規程違反のおそれを理由とする呼出状が届きました。どうしたらいいでしょうか。

コラム　非弁提携弁護士や違反広告に対する弁護士会間の取締の強弱 ……………………………………………… 146

コラム　違反広告を発見した場合 ……………………………… 148

資　料　編

1　弁護士法（抜粋） ……………………………………… 152

2　弁護士職務基本規程（抜粋） ………………………… 153

3　弁護士等の業務広告に関する規程 …………………… 154

4　外国法事務弁護士等の業務広告に関する規程 ……… 159

5　業務広告に関する指針 ………………………………… 163

6　弁護士情報提供ウェブサイトへの掲載に関する指針 ……… 186

7　債務整理事件処理の規律を定める規程 ……………… 190

8　法律事務所等の名称等に関する規程 ……………………… 198
9　外国法事務弁護士事務所等の名称等に関する規程 ………… 204
10　弁護士の報酬に関する規程 ……………………………… 211
11　会員サポート窓口運営規則 ……………………………… 213

事項別索引………………………………………………………… 216

あとがき

第1章

弁護士業務広告規制の基礎

1 弁護士業務広告とは

Q1 弁護士業務広告とは何ですか。

A 弁護士業務広告とは「弁護士又は弁護士法人が、口頭、書面、電磁的方法その他の方法により自己又は自己の業務を他人に知らせるために行う情報の伝達及び表示行為であって、顧客又は依頼者となるように誘引することを主たる目的とするもの」をいいます（広告規程2条）。

また、広告方法や記載の内容は無制限ではなく、「広告規程」において、禁止される広告や表示できない広告事項がありますので注意が必要です。詳細は本章**Q2**に解説します。

ポイント

弁護士業務広告の定義（広告規程２条）。

解　説

1　そもそも、弁護士業務広告とは「弁護士又は弁護士法人が、口頭、書面、電磁的方法その他の方法により自己又は自己の業務を他人に知らせるために行う情報の伝達及び表示行為であって、顧客又は依頼者となるように誘引することを主たる目的とするもの」をいいます（広告規程2条）。弁護士の広告活動の歴史は意外と浅く、そもそも弁護士は依頼者の信頼を経て口コミで仕事を得るという性質を理由に、平成12年までは広告を禁止されていました。

広告の解禁を皮切りに、多くの弁護士が各種メディアを積極的に利用したり、広告の入ったティッシュを配布するなどをはじめとして、様々な広告がなされるようになりました。

この広告の解禁である平成12年3月24日に定められたのが「弁護士等の業務広告に関する規程」であり、そもそも弁護士業務広告とはなにかを定義し、かつどのような広告が許されるかの基準が示されています。

2　その後、広告手段もホームページを始めとして、SNSやYouTubeなどの動画配信など非常に多様化してきたことに伴い、その発信内容も、業務の一部を記載したり、過激な感情を記載することがある一方、単なる趣味の写真を投稿したりと多様化し、個人としての情報配信なのか、弁護士としての業務広告なのか、の境界があいまいになりつつあります。

そのため、平成24年3月15日には、日本弁護士連合会から「業務広告に関する指針」が示されています。

3　さらに、弁護士を含めた法曹人口の増加と消費者金融の過払い事件の増加に伴い、経験の少なく、収入もさほど多くないまま独立している新人の弁護士等を狙って、広告会社を装った非弁提携を目的とした事業者が現れました。

これらの事業者は、自社が法律事務所に派遣する事務員が過払いの事件を受け付けて、交渉まで行い、弁護士は実質的に名義を貸したにすぎないと思えるような業務提携を持ちかけたり、あるいは弁護士情報提供ウェブサイトを作成する事業者として、登録してきた弁護士に対して、仕事を受任した場合に手数料を要求したり、反対に弁護士が紹介料をもらって、仕事の斡旋を受けるような非弁提携が疑われる事案も発生しました。

そのため、日本弁護士連合会は平成30年1月18日に「弁護士情報提供ウェブサイトの掲載に関する指針」を示しました。

4　今後も、「ふわっち」「ミクチャ」などのライブ配信等の発信サービスの多様化が進むにつれ、非弁提携事業者も、例えば「投げ銭」を絡めるような多様な手段で提携をもちかけてくる可能性があり、弁護士業務の広告規程も都度に見直したり、新たな指針を示す必要がでてくると思われます。

（松岡　直哉）

2 弁護士業務広告に該当するか否かの判断基準

Q2 ① 私は、SNSを利用し、法律改正や裁判例に対する批判を公表しています。もっとも、自分と特定されることを回避するため、ハンドルネームで公表しており、私が特定されることはありません。問題はありますか。

② 私は、SNSで、名前を出して法律改正や裁判例に対する批判をしていますが、弁護士であることは公表していません。事務所のホームページと私のSNSはバナーで紐づけているため、私がその事務所に所属する弁護士であることは分かると思います。問題はありますか。

③ 私はTwitterを実名で行っており、営業活動として広告や告知事項もツイートしたいと思っています。ツイートにあたり禁止される事項や気を付けるべき事項を知りたいです。

④ 私は弁護士ですが、実名で、FacebookやInstagramに、趣味の登山の写真を掲載しています。これにも広告規制がかかるのでしょうか。

A ① **本章Q1**で述べたとおり、弁護士広告とは「弁護士又は弁護士法人が、口頭、書面、電磁的方法その他の方法により自己又は自己の業務を他人に知らせるために行う情報の伝達及び表示行為であって、顧客又は依頼者となるように誘引することを主たる目的とするもの」をいいます（広告規程2条）。

またSNSは非常に多くの種類があり、実名での登録を基本とするFacebookやアカウントを作成するだけの簡易なTwitterなど様々な種類があります。

そのため、SNSの種類にもよりますが、実名を公表しておらず、ハンドルネームのみで法改正や判例の批判をしている限りは、「自己又は自己の業務を他人に知らせるために行う情報の伝達及び表示行為」でも、「顧客又は依頼者となるように誘引することを主たる目的とするもの」でもないため、弁護士業務広告に関する規制はかからないと考えます。

もっとも、記載内容が、基本規程にかかる守秘義務違反や名誉毀損などにならないように注意する必要があります。

② ①と異なり、個人名でSNSを発信しているものの、単に弁護士と名乗っていないというだけで、事務所のホームページとバナーで紐付けしている場合は結論として弁護士業務の広告に該当する可能性は高いと考えます。

すなわち、単なる個人としてTwitter等に判例の批判等を発信しているのみならず、わざわざ法律事務所にバナーでリンクを貼っていることから、その目的はこの発信を閲覧した者に対して、意見を受け付けたり、あるいは相談を受ける窓口を設けていることと看做され「顧客又は依頼者となるように誘引することを主たる目的とするもの」といえるからです。

そして、この場合は弁護士業務広告に該当しますので、広告規程の各制限を受けます。特にこの場合「弁護士」とは表示しないということですので、自ずと所属弁護士会の表示もないものとなり、広告規程9条に違反することになります。

③ Twitterは、140字以内で、手軽に情報を発信するSNSの一種です。字数に制限があり、リアルタイムのコミュニケーション手段もないため、弁護士業務の広告としてはどのように活用するかは、工夫が必要となります。

注意すべき点は、字数制限のために、発信内容が十分に伝わらず、「誤導又は誤認のおそれがある広告」（広告規程3条2号）や「誇大又は過度な期待を抱かせる広告」（広告規程3条3号）にならないようにすること及び、表示できない広告事項（広告規程4条）を記載しないように注意する必要があります。

④　実名であっても、趣味の登山の写真を掲載する程度では、「自己又は自己の業務を他人に知らせるために行う情報の伝達及び表示行為」でも、「顧客又は依頼者となるように誘引することを主たる目的とするもの」でもないため、弁護士業務広告に関する規制はかかりません。

もっとも実名であるために、弁護士であることを容易にわかるような投稿を行い、コメントしてきた閲覧者の相談を受けたり、リンク先に弁護士事務所のホームページを貼るなどした場合は、弁護士業務広告とみなされるおそれがありますので注意が必要です。

ポイント

弁護士業務広告に該当するか否かの判断基準とはなにか、弁護士業務広告に該当した場合における規制とはどのようなものが存在するか（広告規程２条・３条・４条、広告指針）。

解　説

1　弁護士業務広告とは「弁護士又は弁護士法人が、口頭、書面、電磁的方法その他の方法により自己又は自己の業務を他人に知らせるために行う情報の伝達及び表示行為であって、顧客又は依頼者となるように誘引することを主たる目的とするもの」をいいます（広告規程2条）。

したがいまして、そもそも実名であっても、弁護士としてではなく、個人が個人として情報を発信することを目的として写真を投稿するInstagramやFacebookは、「顧客又は依頼者となるように誘引することを主たる目的とするもの」には該当しないため、弁護士業務の広告ではなく、広告規程の制限は受けません。

2　また実名でなく、弁護士個人の特定すらできないようにハンドルネームやニックネームのみで配信しているような場合には、その内容からして、弁護士が業務の内容を投稿するものではなく、また、事務所のホームページをバナーで紐づけて、簡単に弁護士を特定できるようなことがない限りは、同様に「顧客又は依頼者となるように誘引することを主たる目的とするもの」には該当しないため、弁護士業務の広告ではなく、広告規程の制限は受けません。

3　逆に、投稿内容において、弁護士であることをあえて明言せずに、個人からの発信であるようにSNSに投稿していた場合であっても、業務の内容の一部を投稿するなど、その内容からして弁護士が投稿したものであることを容易に推測させるような場合や、あえて法律事務所のホームページをバナーで紐づけたような場合は、「顧客又は依頼者となるように誘引することを主たる目的とするもの」に該当する可能性が高く、弁護士等の業務広告に関する規程の制限を受ける可能性があります。

4　TwitterやInstagramなどを実名で行っており、営業活動として広告や告知事項にSNSを利用する場合は、広告規程の制限を受けることになります。

5　主な規制については以下のとおりです。

(1)　まず、広告規程3条においては、①事実に合致していない広告、②誤導又は誤認のおそれのある広告、③誇大又は過度な期待を抱かせる広告、④困惑させ又は過度な期待を抱かせる広告、 ⑤特定の弁護士若しくは外国法事務弁護士又は法律事務所若しくは外国法事務弁護士事務所と比較した広告、⑥法令又は本会若しくは所属弁護士会の会則及び会規に違反する広告、⑦弁護士の品位又は信用を損なうおそれのある広告を禁止しており、SNSの発信においてもこれらに該当しないように注意が必要です。

(2)　また広告規程4条においては、①訴訟の勝訴率、②顧問先又は依頼者（ただし、顧問先又は依頼者の書面による同意がある場合を除く。）、③受任中の事件（ただし、依頼者の書面による同意がある場合及び依頼者が特定されずかつ依頼者の利益を損なうおそれがない場合を除く。）、④過去に取扱い又は関与した事件（ただし、依頼者の書面による同意がある場合及び広く一般に知られている事件又は依頼者が特定されない場合で、かつ依頼者の利益を損なうおそれがない場合を除く。）という広告において表示してはいけない事項を4つ掲げていますので、SNS上においてもこれらの表現に抵触しないよう注意が必要です。

(3) 最後に、広告規程9条においては、弁護士は、広告中にその①氏名（職務上の氏名を使用している者については職務上の氏名）、弁護士法人にあってはその名称及び主たる法律事務所の名称又は広告に係る従たる法律事務所があるときはその名称、及び、②所属弁護士会（弁護士法人が複数の弁護士会に所属するときは、主たる法律事務所の所在する地域の所属弁護士会又は広告中に法律事務所の表示があるときはその所在する地域の所属弁護士会を表示することをもって足りる。）を表示しなければならない旨を定めており、SNSであっても広告上においては弁護士である旨と所属弁護士会を表示する必要があります。ゆえにイメージ広告などは認められにくいことになります。

動画などの配信においてもタイトルや概要欄などに記載する必要があるといえます。

(4) その他としては、弁護士職務基本規程や弁護士倫理の観点から、守秘義務に反する内容や他人の誹謗中傷や名誉毀損などにならないように表現に注意する必要があります。

（松岡　直哉）

❸ なぜ、今弁護士業務広告なのか

Q3 弁護士業務広告禁止を撤廃することになった経緯を教えてください。

A 平成12年3月24日に、それまでの日弁連会規であった「弁護士の業務の広告に関する規程」（昭和62年3月14日会規第31号）が廃止され、新たに「弁護士等の業務広告に関する規程」（平成12年3月24日会規第44号）及び「外国法事務弁護士等の業務広告に関する規程」（同会規第45号）がそれぞれ日弁連会規として制定、施行され、これらに関連する規則や指針が定められています。

ポイント

弁護士業務広告の原則禁止から、原則解禁となった日弁連会規の改正と、日弁連会規の改正に至った背景事情を知ってください。

解　説

1　現行の日弁連会規である「弁護士等の業務広告に関する規程」及び「外国法事務弁護士等の業務広告に関する規程」の各制定前の会規であった昭和62年3月14日に定められた「弁護士の業務の広告に関する規程」によれば、弁護士に許されていた広告の内容や広告をする媒体などの広告について厳しく規制されており、弁護士業務広告は原則禁止とされていました。

弁護士の側でも、弁護士業務広告が原則禁止されていたころは、弁護士が広告をすること自体が品位を欠くとして抵抗があった者が多かったほか、いわゆる紹介者のいない「飛び込み」客からの相談、受任をお断りする弁護士が多く、また、弁護士の顧客獲得ルートが知人、顧客、同業者、隣接士業者などの紹介によるものが主で、業務広告による集客の必要が弁護士側にあまりなかった、といった事情がありました。

2　しかしながら、かような弁護士側の事情は、依頼者である一般市民（中小企業を含む。以下同じ。）の側からすると、弁護士の法律事務の独占に伴って生じる一般市民への司法サービスの提供ができていない説明にはなっておらず、かえって、一般市民の司法手続へのアクセスを阻害しているだけではないかという考えや、弁護士間で競争させることで弁護士の質を高めるべきではないか、といった考えも出てきていました。

さらに、いわゆるバブル経済崩壊後の不況に伴って弁護士による法的手続による紛争解決の必要性が高まったことを受け、弁護士制度改革の必要との考えをも受けて、司法手続の改革が始まり、この司法手続の改革の一環として、弁護士広告解禁の動きもありました。

すなわち、一般市民から弁護士へのアクセスをしやすくするために、司法試験合格者増による弁護士の増員といった司法改革が実行された一方で、弁護士間でも競争原理を持ち込ませ、また、一般市民に対して、弁護士の依頼の判断資料を提供する意味から、平成12年3月に日弁連は、弁護士業務広告について、それまでの原則禁止方針から、原則解禁方針へと方向転換をすることとなったのです。

〈参考文献〉

・日本弁護士連合会編集『第2版　弁護士のための事務所開設・運営の手引き』第1部第4章「業務の獲得・遂行　2　弁護士広告」77～88頁（日本加除出版、2016年）

・元榮太一郎監修・綿貫有二著『法律事務所の経営戦略』第5章7「反応を上げる広告作成法」203～221頁（学陽書房、2013年）

（菊地　健治）

4 「知らない」では済まされない、弁護士広告規制

Q4 私の事務所では広告をする予定がないのですが、このような事務所でも弁護士業務広告の規制内容を知っておく必要があるのでしょうか。

A 顧客誘引目的で広告をする予定がない場合でも、ウェブサイトの開設が弁護士の業務上や事務所の運営上に有益な場合があります。

今後、ウェブサイトを開設することに弁護士の業務上、事務所の運営上に有意義な場合が生じることも考え、予め弁護士の業務広告に関する規制は、広告の予定のない弁護士にとっても知っておく必要があります。

ポイント

業務広告以外でのウェブサイトの活用方法を知っておくことも有用です。

解　説

1　現行の広告規程2条によれば、「広告」とは、「弁護士又は弁護士法人が、口頭、書面、電磁的方法その他の方法により自己又は自己の業務を他人に知らせるために行う情報の伝達及び表示行為であって、顧客又は依頼者となるように誘引することを主たる目的とするもの」とされています。

したがって、確かに、顧客誘引のために、業務広告を一切していない弁護士であれば、弁護士業務広告に関する各種規程、規則、指針を知っておく必要もないようにも思われます。

しかし、現在、顧客が紹介で弁護士にたどり着いたとしても、顧客は、相談や依頼に先立ち、その弁護士の所属する法律事務所のホームページ

上の事務所紹介や弁護士紹介で、弁護士の所属する法律事務所の概要や、弁護士の人となりを知ろうとすることが多いと思います。

また、法律事務所へのアクセスや連絡先を知るためには、法律事務所のホームページを検索する方法によるのが一般的です。

このような顧客の行動や心理も考えると、顧客誘引目的の業務広告を一切しない弁護士であっても、所属法律事務所や弁護士の情報をホームページを主とした広告媒体で開示することには一定の意義があり、そのためには弁護士の広告に関する規制内容を知っておく必要があります。

2　また、弁護士は、業務上、現在及び過去の顧客（弁護士によっては現在及び過去の顧客の相手方）について、その氏名や連絡先（住所、自宅電話番号、携帯電話番号、メールアドレス）などを名簿の形式で保存、保管し、これを後日の問い合わせへの対応の便宜や、事務所からの連絡、挨拶状の送付の際に用いているのが通常です。

弁護士が、このような個人情報の集合物を、検索を容易にするために体系別に構成した集合物として保有すると、個人情報の保護に関する法律（個人情報保護法）2条5項の「個人情報取扱事業者」に該当することになります（平成27年の個人情報保護法改正前は、5000件以下の個人情報を取扱う小規模取扱事業者は「個人情報取扱事業者」から取り除かれていましたが、現行個人情報保護法では、小規模取扱事業者の規定は削除され、全ての事業者に対象が拡大されていますので、注意が必要です）。

そして、弁護士が「個人情報取扱事業者」に該当すると、個人情報保護法18条1項により、「個人情報を取得した場合は、あらかじめその利用目的を公表している場合を除き、速やかに、その利用目的を、本人に通知し、又は公表しなければなら」なくなります（下線は筆者）。

したがって、弁護士が広告を用いていなくても、ウェブサイトで弁護士が個人情報の利用目的をあらかじめ公表しておけば、同法18条1項所定の利用目的の通知又は公表をする必要がなくなる点で、ウェブサイト開設の意味はあると思われます。

3　この他にも、被害者多数の消費者事件や、債権者多数の破産管財事件など、多数の関係者に一律に情報を提供する必要が生じる案件を受任したときには、個々の問い合わせに事務所が電話で対応するよりは、ウェブサイトを開設し、同サイト上で情報の提供をする方が、弁護士業務上も、問い合わせをする関係者にとっても有益と思われます。

4　このように、弁護士がウェブサイトを業務広告に用いないとしても、将来受任する可能性のある案件の性質から、ウェブサイトを開設できるように準備しておくことには意味があるものと思います。

〈参考文献〉

・日本弁護士連合会編集『第2版　弁護士のための事務所開設・運営の手引き』第1部第4章「業務の獲得・遂行　2　弁護士広告」77～88頁（日本加除出版、2016年）

・元榮太一郎監修・綿貫有二著『法律事務所の経営戦略』第5章7「反応を上げる広告作成法」203～221頁（学陽書房、2013年）

（菊地　健治）

5 弁護士業務広告と懲戒事例

Q5 過去に法令違反や会規違反などの理由で懲戒処分がなされた広告としてはどのようなものがありますか。

A 法律事務所のウェブサイト上の広告が、不当景品類及び不当表示防止法（景品表示法）に違反する「有利誤認表示」であることを理由に、広告主の法律事務所（法人）及び同法人の約95％の出資持分を持つ弁護士がいずれも業務停止の懲戒処分を受け、かつ、消費者庁からは、景品表示法上の措置命令を受けた事例があります。

所属弁護士会からは、所属単位弁護士会の広告に関連する規則違反として、規則所定の是正措置を含む措置命令を受けた事例があります。

ポイント

業務広告を行う場合、業務広告に関する法令及び日弁連会規等の弁護士会の諸規定を知っておく必要があります。

解　説

1　法律事務所のウェブサイト上に掲示された広告の記載内容（役務提供の内容）が、景品表示法に違反する有利誤認表示であるとされた事例があります。

同事例では、当該法律事務所は、過払金返還請求事件の着手金を1か月の期間限定で無料又は値引きする、とのウェブサイト上の表示をした広告を、反復継続して2年9か月以上表示させたことが、景品表示法4条1項2号（現：同法5条2号）に違反する行為と消費者庁に認定され、同庁より、同ウェブサイト上の表示を行わないことを命じられました（景品表示法6条（現：同法7条）の措置命令を受けた事例についての消費者庁による公表内容については、下記URL参照)。
(https://www.koutori-kyokai.or.jp/caapaper/2016/20160216-1.pdf)

これを受けて、同法律事務所の行為が、景品表示法違反、禁止される広告を定めた広告規程3条違反等の行為に該当するとして、同法律事務所及び同広告を法律事務所にさせた弁護士それぞれに業務停止の懲戒処分が所属会から下されました（景品表示法違反の広告（役務の表示）による法律事務所及び同事務所所属弁護士に対する懲戒処分の理由の要旨については、日本弁護士連合会『自由と正義』2018年1月号95～102頁参照)。

2　広告を行った弁護士が所属する単位弁護士会は、広告規程12条1項により、当該弁護士に対して、広告物に関する記録の提出や、広告に関する調査を行う権利を有し、一方、当該弁護士は同条2項によりこの調査に応じる義務を負います。

したがって、広告の記載・表示内容にかかわらず、広告に関する調査に広告をした弁護士が応じなかった場合には、会規違反を理由とした懲戒処分を受ける可能性があります。

3　また、各単位会では、広告規程12条1項に基づく広告調査権の実効性確保のため、それぞれ広告調査に関する規則を設けています（東京弁護士会では、「弁護士の業務広告の調査及び措置に関する規則（平成17年3月7日制定)」を設けています。)。

各単位会での広告調査に関する規則では、弁護士等の業務広告に関する規程に違反する広告であると認めたときには、当該広告をした弁護士に対して、注意、広告物の訂正、回収等の措置を命じることができる旨の定めを設けています。

そして、これらの単位会が命じた措置に応じない弁護士には、規則違反を理由とする懲戒処分が下されることもありえますので、業務広告を行うことには責任を伴うことを認識していただきたいと思います。

〈参考文献〉

・日本弁護士連合会編集『第2版　弁護士のための事務所開設・運営の手引き』第1部第4章「業務の獲得・遂行　2　弁護士広告」77～88頁（日本加除出版、2016年）
・元榮太一郎監修・綿貫有二著『法律事務所の経営戦略』第5章7「反応を上げる広告作成法」203～221頁（学陽書房、2013年）

（菊地　健治）

6 弁護士業務広告に対する規制の概要

Q6 弁護士による広告について、日弁連に指針はありますか。

A 「弁護士等の業務広告に関する規程」(平成12年3月24日会規第44号)及び「外国法事務弁護士等の業務広告に関する規程」(同会規第45号)の解釈・運用を定めた日弁連の「業務広告に関する指針」(平成24年3月15日理事会議決)があります。

また、インターネットを利用して弁護士情報を掲載しているウェブサイト上の業務広告に対しては、日弁連の「弁護士情報提供ウェブサイトへの掲載に関する指針」(平成30年1月18日理事会議決)があります。

ポイント

広告指針、ウェブサイト指針の内容は、業務広告を行うに際して、弁護士が確認しておくべき事項が記載されていますので、広告をする前にその内容の確認が必要です。

解　説

広告規程3条1号から7号には、弁護士及び弁護士法人に禁止される広告が具体的に列挙されています(広告規程3条1号ないし7号の各禁止される広告の概要については「石本哲敏「広告規制の概要」東京弁護士会会報『LIBRA』2017年3月号11頁以下参照」)。

ただし、同条各号は規定の仕方が抽象的であるところ、同規程に違反する広告に対しては、広告をした弁護士に対する所属弁護士会からの広告調査権が規定されていることから(広告規程12条1項。**本章Q5**参照)、解釈の運用指針をあらかじめ示しておけば、広告をする弁護士にとっても、広告調査を行う弁護士会の調査担当者にとっても、許される広告と許されない広告の判断基準にすることができます。

そのような点から、「弁護士等の業務広告に関する規程」及び「外国法事務弁護士等の業務広告に関する規程」の各条項の解釈及び運用の基準を定めた「業務広告に関する指針」が平成24年3月15日の日弁連理事会で決議されました。

同指針では、禁止される広告の具体例が示されているほか、広告媒体ごとの使用上の注意事項、弁護士会の調査権及び違反行為に対する措置の手続に関する解釈指針が示されていますので、弁護士又は弁護士法人が業務広告をする際には、その内容を必ず確認しておくべきといえます。

また、業務広告の中でもウェブサイトを用いた広告では、当該弁護士の法律事務所のホームページのほか、弁護士の情報提供ウェブサイトを開設・運営する業者（情報提供事業者）のウェブサイトに掲載をする方法もありえるところ、この場合には、弁護士又は弁護士法人と、情報提供事業者との間の契約に伴う対価の内容や支払方法によっては、事件の紹介料の支払との疑いや、弁護士と非弁護士との間での報酬分配といった非弁提携の疑いが生じます。

このようなことから、弁護士又は弁護士法人によるウェブサイトを用いた業務広告については、「業務広告に関する指針」のほか、「弁護士情報提供ウェブサイトへの掲載に関する指針」を日弁連理事会で決議し、業務広告に関して非弁提携とされる具体例を示しています（石本哲敏「弁護士業務に関するアウトソーシングの限界と注意点」 東京弁護士会会報『LIBRA』2021年3月号8頁以下参照）。

（菊地　健治）

7 弁護士業務広告に対する規制の理由

Q7 他の業種に比べ、弁護士に対する広告規制は厳しいようですが、それはなぜですか。

A 弁護士の広告に対する規制は、弁護士の品位を損なう不適切な広告により、国民の利益が損なわれないようにする目的と、弁護士の広告によって国民が弁護士から法的サービスを受けるために必要な情報の提供が妨げられないようにするためという目的とがあるからです。

ポイント

弁護士の品位及び弁護士に対する信用とは何か、ということを弁護士各位が確認していただきたいと思います。

解　説

弁護士に関する業務広告が原則解禁されたといっても、一般の商業広告とは異なり、弁護士は、三権の一翼たる司法に関する重要な担い手であり、その役割に相応する品位とその地位に相応する信用が求められていると考えられます。

また、弁護士には弁護士自治が保障され、弁護士会は、弁護士の行為規範を弁護士会で自ら定めるものとされます。

このようなことから、弁護士会が会規で業務広告に関する規制を定める目的は、不適切な広告を排除して国民の利益が損なわれないようにすることと、国民の権利の実現を図るために、国民が弁護士の広告による必要かつ十分な情報の提供が妨げられないようにすることの双方にあるとされます（広告指針第1の2(1)）。

しかし、このような一般論だけでは、広告規程3条1号から7号で禁止される広告のうち、7号の「弁護士の品位又は信用を損なうおそれのある広告」のような、広範な規制をする条項が規定されている意図を理解することは難しいでしょう。

弁護士が禁止される業務広告のなかに、広告の内容の真実性とは別に、このような広範な規制をする条項が存在することからは、弁護士会が弁護士に対して、業務内容そのもののほかに、弁護士としての品位・品格の維持を求めており、それが弁護士に許される業務広告の限界を画している根本原理となっているのではないか、と考えられます（石本哲敏「広告規制の概要」東京弁護士会会報『LIBRA』2017年3月号12頁でも、弁護士の品位を維持したいがために広告規程3条7号が規定されているのではないか、と述べられている。)。

（菊地　健治）

8 弁護士報酬についての曖昧かつ不正確な表現

Q8 集客のため、「今なら、当事務所基準の弁護士報酬30％オフ!」というキャンペーンを行おうと考えています。問題はありますか。

A 弁護士の報酬に関する曖昧かつ不正確な表現は、誤導又は誤認のおそれのある広告として、弁護士等の業務広告に関する規程及び外国法事務弁護士等の業務広告に関する規程で禁じられる広告に該当する可能性があります。

ポイント

広告するに際しては、顧客の誘引だけにとらわれないよう、広告を受け取る側からの視点も持つようにしてください。

解　説

広告規程3条2号では、弁護士及び弁護士法人が禁止される広告として、「誤導又は誤認のおそれのある広告」を掲げ、これを受けて、広告指針第3の3(3)では、弁護士報酬に関する誤導又は誤認のおそれのある広告として「弁護士報酬についての曖昧かつ不正確な表現」がされた広告を例示しています。

設問の「今なら、当事務所基準の弁護士報酬30％オフ！」という広告を検討してみると、

① 「今なら」という表現は、この広告に記載された特典を受けられる期間が曖昧であり、広告指針第3の3(3)に触れる可能性があります。

② また、広告を見たらすぐに依頼しないと特典を受けられないという不安を、広告を見た者に抱かせる点において、広告規程3条4号で禁止さ

れる「困惑させ、又は過度な不安をあおる広告」に触れる可能性もあります。

③ 設問の広告によれば、30%オフの対象となるのは「当事務所基準の弁護士報酬」ですが、この広告だけでは、「当事務所基準」の内容が不明です。

また、「弁護士報酬」も、着手金を指しているのか、成功報酬を指しているのか、その両方を指しているのかなど、「弁護士報酬」が指す対象がはっきりしません。

そうすると、「当事務所基準の弁護士報酬30%オフ！」との表現では、一体、いくらの割引を受けることができるのかを広告を見た者が具体的な金額で計算することができないといわざるを得ません。

したがって、広告指針第3の3(3)で禁止される「弁護士報酬についての曖昧かつ不正確な表現」とされる可能性が高いと思われます。

設問の広告は、広告記載の特典を受けられる期間と、広告を見た者が30%オフの内容を具体的に知り、割引を受けられる弁護士報酬の内容とその金額とを計算できるよう、広告の記載を見直す必要があると考えられます。

（菊地　健治）

❾ 非弁行為

Q9 非弁行為とは何ですか。

A ①弁護士又は弁護士法人でない者が、②報酬を得る目的で、③一般の法律事件に関する法律事務の取扱いを、④業として行うことです。

ポイント

①「弁護士又は弁護士法人でない者」、②「報酬を得る目的」、③「法律事件に関する法律事務の取扱い」、④「業として行うこと」という非弁行為の要件に該当するかどうか（弁護士法72条）。

解　説

1　弁護士法72条は、「弁護士又は弁護士法人でない者は、報酬を得る目的で訴訟事件、非訟事件及び審査請求、再調査の請求、再審査請求等行政庁に対する不服申立事件その他一般の法律事件に関して鑑定、代理、仲裁若しくは和解その他の法律事務を取り扱い、又はこれらの周旋をすることを業とすることができない。」と定めて、非弁行為を禁止しており、これに違反した者は、2年以下の懲役又は300万円以下の罰金に処されます（弁護士法77条3号）。

この弁護士法72条の定める非弁行為の構成要件は次のとおり整理することができます。

①「弁護士又は弁護士法人でない者」が

②「報酬を得る目的」で

③「一般の法律事件に関する法律事務の取扱い」を

④「業として行う」こと

なお、弁護士法72条は、ただし書で、「この法律又は他の法律に別段の定めがある場合は、この限りでない。」と定めて、上記の構成要件に該当する場合であっても、他に法律が特別に認めた場合には同法違反とならない一定の例外を認めており、例えば、司法書士には簡易裁判所における請求額が140万円を超えない範囲の民事訴訟等の代理権が与えられたり、行政書士には行政庁に対する審査請求、再調査の請求、再審査請求等の不服申立手続の代理権が与えられたりするのは、この例外に当たります（司法書士法3条1項6号、行政書士法1条の3第1項2号）。

以下、弁護士法72条の定める非弁行為の構成要件を詳しく見ていきたいと思います。

2　非弁行為の主体は、①「弁護士又は弁護士法人でない者」です。

②「報酬を得る目的」のうち「報酬」とは、現金に限らず、物品や供応を受けることも含まれ、金額の多寡や名目のいかんを問わないものと考えられています。また、非弁業者が現実に報酬を得なかったとしても、主観的に「報酬を得る目的」を有して非弁行為を行ったのであれば、その行為は弁護士法72条違反となります。

③「一般の法律事件に関する法律事務の取扱い」のうち「一般の法律事件」とは、「法律上の権利義務に関し争いがあり、疑義があり、または新たな権利義務関係を発生させる案件」（広島高決平成4年3月6日判時1420号80頁）をいうとされています。なお、「一般の法律事件」に関しては、訴訟事件や非訟事件と同様の「事件性」「紛争性」が必要なのではないかという論点がありますが、この点についての詳細は、**本章Q16**を参照して下さい。

また、「法律事務」とは、法律上の効果を発生、変更する事項の処理のみならず、確定した事項を契約書にする行為のように、法律上の効果を発生・変更するものではないが、法律上の効果を保全・明確化する事項の処理をいうとされています（日本弁護士連合会調査室編著『条解弁護士法〔第

5版〕』654頁（弘文堂、令和元年）、東京地判平成29年2月20日判タ1451号237頁も同旨）。

④「業として行う」とは、反復的にまたは反復継続の意思をもって法律事務の取扱い等を行い、それが業務性を帯びるに至った場合を指し（最判昭和50年4月4日民集29巻4号317頁）、反復継続の意思が認められれば、具体的になされた行為の多少も問うところではないとされています（最決昭和34年12月5日刑集13巻12号3174頁）。

（小町谷　悠介）

10 非弁提携

Q10 非弁提携とは何ですか。どのような場合に非弁提携になるのでしょうか。

A 弁護士が、非弁業者らから事件の周旋を受け、又は非弁業者らに自己の名義を利用させることです。弁護士が、弁護士以外の他士業者や広告会社と提携して定期的に有償で依頼者の紹介を受けたり、自身が雇用する事務員に事件の相手方との交渉を行わせたりした場合には非弁提携に該当し得ます。

ポイント

弁護士が、非弁業者らから事件の紹介を受けたり、非弁業者らに対して自己の名義を利用させたりしていないか（弁護士法27条・72条ないし74条）。

解説

1　弁護士法27条は、「弁護士は、第72条乃至第74条の規定に違反する者から事件の周旋を受け、又はこれらの者に自己の名義を利用させてはならない。」と定めて、弁護士が非弁業者らから事件の周旋を受けたり、非弁業者らに弁護士の名義を利用させたりする非弁提携を禁止しています。これに違反した者も2年以下の懲役又は300万円以下の罰金に処されます（弁護士法77条1号）。

このように非弁提携が禁止される趣旨は、非弁業者が自身で非弁行為を行うことのみならず、弁護士を隠れ蓑として非弁行為を行うことをも禁止することによって、非弁行為の禁止を徹底し、これにより法律秩序が害されることを防止しようというものです。

2　古典的な非弁提携の事案は、いわゆる「事件屋」といわれる非弁業者が、法的紛争を抱える多数の顧客を弁護士に紹介するという話を持ち掛けて、形式上は弁護士が代理人として事件処理を行う体裁を取るものの、実際は事件屋が事件処理を行い、遂には事務所の経理も掌握するようになって、弁護士の事務所ごと乗っ取ってしまうような場合です。これは、事件屋が事件処理を行う点で非弁行為に該当し、弁護士は、そのような非弁業者から依頼者の周旋を受け、又は非弁業者に自己の名義を使用させていることになるため、非弁提携の問題となります。

3　最近では、司法書士事務所が、テレビやラジオ等で大々的に宣伝を行い、債務整理事件の依頼者を多数集客した結果、自身の取り扱うことのできない債権額が140万円を超える案件を、反復継続して有償で弁護士に紹介していたという事案が問題となったことがあります。このような場合、司法書士事務所は非弁行為そのものを行ったわけではありませんが、有償で法律事件に関する法律事務の取扱いを弁護士へ周旋しており、かかる行為は非弁行為を行った場合と同様、弁護士法72条に違反し、そして、このような違反者から弁護士が依頼者の紹介を受けることは、やはり非弁提携に当たります。

また、同じく最近問題になった事案として、インターネット広告を行う会社が、債務整理事件の依頼者を集客して弁護士に紹介をするだけでなく、弁護士に代わってその事件処理を行わせるための事務員を派遣していたというものがあります。これは、やはり、弁護士が、非弁行為を行う事務員に対して自己の名義を使用させていたということで非弁提携に当たります。

（小町谷　悠介）

11 弁護士が事務員を補助者として使う場合の注意点

Q11 事務員を補助者として使うことがありますが、注意すべき点はありますか。

A 受任事件について、事務員の判断で依頼者からの相談を受けさせたり相手方との交渉を行わせたりすることのないように注意する必要があります。

ポイント

弁護士が、自身の受任事件について、事務員に法律事務を取り扱わせていないか（弁護士法27条・72条）。

解　説

本章Q10で述べた事案のように、弁護士が事務員に対して事件処理の全てを任せることは、事務員に弁護士の名義を利用させて非弁行為を行わせることになるので、非弁提携に該当して許されないことは明らかです。

しかし、弁護士が事務員を弁護士業務の補助者として使用することは一般的によく行われていることだと思います。この場合、気を付けなければならないのは、補助者たる事務員の行為が非弁行為に該当しないようにすることです。それを判断する一つの基準が、事務員が単に弁護士の手足として、弁護士自身が行っているのと変わらないことを行っているのか否かということかと思います。例えば、事務員が、弁護士からの指示で、弁護士の作成した訴状や準備書面をそのまま裁判所や事件の相手方に提出する行為や弁護士からの伝達事項をそのまま依頼者や事件の相手方に伝える行為は、弁護士自身がこれらを行うのと変わりがなく、事務員の意思が介在しないので、事務員自身が法律事務を取り扱ったとはいえず、非弁行為や非弁提携の問題はないと考えられます。これに対して、事務員が弁護士の指示を受けず、あるいは、指示を受けたとしてもそれが概括的抽象的なものに止まり、事務員が自身の判断に基づいて依頼者の相談に応じたり、相手方との交渉を行ったりしたと評価される場合には、かかる事務員の行為は非弁行為となり、その使用者である弁護士も非弁提携弁護士ということになってしまうでしょう。

（小町谷　悠介）

12 弁護士業務広告と非弁・非弁提携の関係

Q12 弁護士業務広告は、どうして非弁提携と結びつく場合があるのですか。

A 例えば、弁護士が広告業者に広告を依頼したり、弁護士検索サイトに掲示を依頼するとき、広告料の設定内容によっては広告業者が弁護士法72条違反となる場合があり、そのような広告業者から顧客の紹介を受けると非弁提携となり得ます。

以上の事項の詳細については、ポイントと解説を参照してください。

ポイント

広告の内容、広告料の体系に注意しましょう。

解　説

広告業者が、「広告」、「情報提供」と称して弁護士に事件を周旋して、「広告料」等の名目で報酬をとることは、弁護士法72条の「周旋」に該当し、非弁行為にほかなりません。

さらに弁護士法27条は、弁護士は、非弁行為を行う者から事件の周旋を受けてはならないとしており、周旋を受けた弁護士には、非弁提携の問題が起こります。このようにして、弁護士業務広告が非弁提携と結びつく場合がでてくるのです。

広告料が広告内容に照らして著しく高額であるとか、紹介あるいは受任件数などに比例して料金が決まる等の料金体系となっているなどとする場合、広告料名目で実質上は周旋の対価となっていることもあります。このような広告業者から顧客の紹介を受ければ、非弁提携となり得ますので、十分注意する必要があります。

（伊藤　治）

13 大量処理を謳う弁護士業務広告

Q13 「昨年の解決件数○○万件」、「過払い案件○○万件」など、弁護士だけでは到底処理できるとは思えない件数の広告を見かけますが、そのような大量処理は可能なのでしょうか。

A 1人ないし数人の弁護士ではおよそ対応しきれない大量の事件処理を広告している場合、そもそも虚偽広告（広告規程3条1号）に該当するか、そうでなければ非弁業者と提携し、弁護士でない者が「コールセンター」と称して大量の事件処理をしている可能性が高いと思われます。

ポイント

虚偽広告の可能性があるほか、大量の事件処理をこなすための人的物的インフラ、弁護士の管理体制が整っているかどうか、注意しましょう。

解　説

1　「昨年の解決件数○○万件」、「過払い案件○○万件」といった広告を出している1人事務所の弁護士を調査してみたら、実は登録1年目だった、ということもあります。これは、虚偽広告として広告規程3条1号違反ということになろうかと思います。

2　また、1年間に数十万件を処理するなどということは、通常の弁護士では不可能に近いものです。もし広告内容が事実であれば、およそ大量の事件処理をこなすための人的物的インフラが整っていることが不可欠です。その上で、「弁護士の行為が弁護士の補助者としての適法行為であるというためには、法律事務に関する判断の核心部分が法律専門家である弁護士自身によってなされており、かつ非弁護士の行為が弁護士の判断によって実質的に支配されていることが必要」であるとされます（大阪地判平成19年2月7日判タ1266号331頁、日弁連　解説　債務整理事件処理の規律を定める規程）。人的物的インフラが整っていたとしても、依頼者からの実質的な事情聴取、事件処理方針の決定など事件処理の核心部分については弁護士自ら行わなければならず、また弁護士の判断によって事務員や外部のコールセンターなどが実質的に支配されていなければ、非弁提携を疑われてもやむを得ないと考えられます。

（伊藤　治）

14 非弁提携事案で問題となった弁護士業務広告

Q14 非弁提携事案で問題となった広告があれば教えてください。

A ①広告として「○○センター」などと称して、弁護士が関与しない弁護士の事務所以外の場所に電話をかけさせたり、②広告料が成功報酬型のアフィリエイト広告、あるいは固定の広告料でも極めて高額の場合が問題となった例があります。

ポイント

広告料が成功報酬、著しく高額な場合は注意しましょう。

解　説

1　広告によっては、法律事務所ではなく、「○○センター」に電話するように記載され、その電話番号が法律事務所とは全く関係ない場所の電話番号が記載されている例がありました。その例では、後述するような広告業者に乗っ取られ、弁護士が全く関与していない「○○センター」に顧客が電話をかけ、法律事務所の事務員でもない者が事情聴取、委任契約の締結まで対応しており、弁護士自身は個別の案件について、まったく理解をしておらず、弁護士会への苦情がきっかけで非弁提携が明らかになりました。

2　また、広告により受任した場合、成功報酬として広告業者に報酬を支払うといった成功報酬型アフィリエイト広告（広告業者と提携し、顧客が弁護士の紹介ページをクリックしたら、広告費を支払うという成功報酬型の広告）は、広告業者による周旋と認定される可能性が高いと思われます。さらに、広告料として月額何百万などという契約は、広告としての相当な対価を超えて顧客周旋の対価と認定される可能性が高いと思われます。近時、弁護士検索サイトに登録する場合において、広告業者に料金を追加すれば、弁護士の紹介ページで「おすすめ弁護士」などとして紹介を受けられるという場合、その「おすすめ」の基準が、あらかじめ明示された客観的な検索条件に基づくことなく、ウェブサイト業者の判断により選別・加工が行われている場合は、ウェブサイト業者が周旋し、又は周旋をしていると疑うに足る相当な理由があるとされています（ウェブサイト指針3⑵ア）。実際、プラスの料金を支払えば、検索の上位に掲載されるといった例が問題とされました。

（伊藤　治）

15 弁護士業務広告を業者に依頼する場合の注意点

Q15 最近、弁護士に対するコンサルティングや広告を勧める業者からのセールス電話がかかってきます。このような業者から話を聞いたり、業者にコンサルティングや広告を依頼したりする場合、注意すべき点はどういった点ですか。

A 最近は非弁業者が広告業者を装って近づいてきて、広告やコンサルティング名目で弁護士と契約をし、弁護士に名義貸しをさせる事案が散見されています。広告業者と契約する場合、弁護士が主体的に判断し事件処理全般をコントロールできる内容になっているか、依頼者との直接面談はできるのか、報酬体系がどのようになっているのか、広告料が過度に高額となっていないかなどに注意すべきです。

以上の事項の詳細については、ポイントと解説を参照してください。

ポイント

弁護士が主体的に判断し事件処理全般をコントロールできる体制になっているか、注意しましょう。

解　説

1　近時、広告業者から、「インターネットで広告を出しませんか。手軽で収入アップ間違いなし」などと、甘い勧誘を受けることがしばしばあります。

もちろん、弁護士が日弁連の規定や指針に則って広告を出すこと自体は、何ら問題はありません。しかし、広告業者との契約内容やシステムによっては、非弁提携となる危険があるのです。

そして、実際、非弁業者が広告業者を装って近づいてきて、広告やコンサルティング名目で弁護士と契約をし、弁護士事務所を乗っ取り、乗っ取られた弁護士は、非弁業者に名義貸しをしてしまうといった事案が散見されます。その結果、非弁提携として弁護士と広告業者双方が弁護士法72条違反として有罪判決を受けたり、広告業者に牛耳られた弁護士法人の代表者が弁護士会に相談して弁護士会が弁護士法人に対して債権者破産を申し立てたり、広告業者から過大な広告料を請求された弁護士が広告料を支払えないまま広告業者から債権者破産の申立てをされ、結果弁護士資格を喪失したといった例が出てきております。

2　広告をすることにより集客ができ、受任件数が増えることは、弁護士として望ましいことかもしれません。しかし、契約内容やシステムをよく吟味せず、安易に広告業者の勧誘にのると、転落への第一歩を踏み出すことになるかもしれません。

広告業者と称する非弁業者は、突然電話で勧誘してくることが多く、最初は広告料を低く抑えるなどして弁護士との契約を取り付けます。そして集客のための大量広告や地方の法律相談会を企画するなどして大量の顧客を集め、集客が進むと金額を引き上げたりします。ところが、広告料は毎月発生するものの事件の報酬が入ってくるのはかなり先になるため、弁護士は徐々に自転車操業を強いられ、さらに大量の事件処理を迫られることになります。そうなると、非弁業者は、ここぞとばかり、多数の事務員を派遣したり、そのためにスペースを賃貸したりします。そして徐々に弁護士が事件処理に手が回らなくなると、コンサルなどと称して入出金を管理するため通帳・印鑑を牛耳るようになり、とうとう弁護士が事件の内容も弁護士報酬がどうなっているのかも把握できなくなってしまいます。こうなると、もはや非弁業者のビジネスモデルに組み込まれてしまい、非弁業者と手を切りたくても他の集客方法がわからず手を切れないとか、手を切るなら多額の違約金を払えなどといわれ、非弁業者との絶縁が難しくなり、非弁提携のループから抜け出せなくなってしまいます。

このような事態に陥らないためにも、広告業者やコンサルティング業者等と契約する場合には、広告料等が過度に高額となっていないか、弁護士が主体的に判断し事件処理全般をコントロールできる内容になっているか、依頼者との直接面談はできるのか、報酬体系がどのようになっているのか、そもそも自分で事件処理ができる限界を超えていないかなどに注意すべきです。

そして、万一、非弁業者に取り込まれ、非弁提携のループから抜け出せなくなってしまった場合は、先輩の弁護士や、各弁護士会の理事者に速やかに相談されることが解決に繋がる道です。

（伊藤　治）

16 弁護士法72条における「事件性」

Q16 弁護士法72条の「一般の法律事件」に該当するというためには、訴訟事件や非訟事件と同様の「事件性」が必要なのではないかという議論がありますが、どのように考えればよいでしょうか。

A 「交渉において解決しなければならない法的紛議が生ずることがほぼ不可避である案件」であれば「一般の法律事件」に該当すると考えられます。

ポイント

事件性の要否について、学説上、「事件性必要説」と「事件性不要説」との対立がありますが、判例は、「交渉において解決しなければならない法的紛議が生ずることがほぼ不可避である案件」について「一般の法律事件」に該当するとしています（最判平成22年7月20日刑集64巻5号793頁）。

解　説

1　非弁行為における事件性の論点

弁護士法72条が定める非弁行為の対象となる事案は「訴訟事件、非訟事件及び審査請求、異議申立て、再審査請求等行政庁に対する不服申立事件その他一般の法律事件」とされていますが、ここで言う「一般の法律事件」に該当すると言うためには、訴訟事件や非訟事件と同様に法律関係について争いがあり、正に「事件」と表現されうる程度の「事件性」（紛争性）が必要なのではないかという論点があります。

この論点については、学説上、「事件性必要説」と「事件性不要説」との間で争いがあります。

2　事件性必要説

事件性必要説の根拠としては、以下のような理由が挙げられています。

① 弁護士法72条は、「法律事件」の例示として、「訴訟事件、非訟事件及び審査請求、再調査の請求、再審査請求等行政庁に対する不服申立事件」を掲げているから、「法律事件」にはこれらの例示と同程度の「事件性」が求められると考えるのが自然であること。

② 弁護士法3条が、弁護士の職務を「法律事務」を行うことと定めており、弁護士法72条は、敢えて、「法律事務」と異なり、かつ、範囲の狭い「法律事件」という用語を用いているのであるから、おのずと「法律事件」の範囲には限定が加えられるべきであること。

③ 現代における法律分野の拡大に伴い、およそあらゆる事項は何らかの法律に関わっているといっても過言ではないのであるから、事件性・紛争性のない案件についても広く「法律事件」に該当することになれば、処罰の範囲が著しく拡大してしまい不当であること。

3　事件性不要説

事件性必要説に対して、事件性不要説は、以下のような理由を挙げています。なお、日本弁護士連合会調査室編著『条解弁護士法〔第5版〕』649頁（弘文堂、令和元年）では「事件性という概念は不要である、と解するのが相当である。」とされており、同書は事件性不要説に立っています。

① 「事件性」という概念は一義的明確ではなく、このような不明確な要件を導入することは、刑罰法規である弁護士法72条による処罰範囲を曖昧にし、罪刑法定主義の精神に反すること。

② 立法及び法制の沿革からすれば、弁護士法72条は非弁護士の活動一切を禁止しようとする立法目的にのっとって「一般の法律事件」という

包括的表現を採用しているのであるから、「事件性」という明文にない要件を用いて弁護士法72条による処罰の範囲を画することは、その立法目的に反すること。

③ 弁護士法3条は弁護士の職務を定める規定である一方、弁護士法72条は刑罰法規であり、規定の性格が異なるのであるから、体裁上同一の表現が取れなかっただけに過ぎず、弁護士法3条は職務の面から、弁護士法72条は非弁護士が取り扱ってはならない事項の面から、それぞれ同一のことを規定しているものと解するのが相当であること。

④ 弁護士法72条が「法律事件」の例示として挙げている「非訟事件」の中には、紛争性のないものもあるし、家事事件手続法別表第1の事件のように紛争という概念の不要なものも存在すること。

4 最高裁平成22年7月20日判決とその後の下級審判決

(1) 以上のような事件性必要説と事件性不要説との対立がある中で、最高裁は、非弁護士による不動産の賃借人に対する立退交渉事案において、当該事案が「交渉において解決しなければならない法的紛議が生ずることがほぼ不可避な案件」であることから、弁護士法72条の「法律事件」に該当すると判断しました(最判平成22年7月20日刑集64巻5号793頁、以下「平成22年最判」といいます。)。平成22年最判の事案と判決の要旨は次のとおりです。

(2) 土地家屋の売買業等を営む被告人A社の代表取締役である被告人Bは、弁護士資格等を有さず、法定の除外事由もないのに、報酬を得る目的で、業として、あるビルの所有者から、当該ビルの賃借人らとの間で、賃貸借契約の合意解除を行って各室を明け渡させるなどの業務を行うことの委託を受けて、これを受任しました。そして、被告人らは、実際に当該ビルの所有者から報酬を得て、賃借人らに対し、被告人A社が同ビルの所有者である旨の虚偽の事実を告げるなどした上、賃借人らに不安や不快感を与えるような振る舞いもしながら、約10か月にわたり、74名の賃借人関係者との間で、賃貸借契約を合意解除して賃貸人が立ち退き料の支払義務を負い、賃借人が一定期日までに部屋を明け渡す義務を負うこと等を内容とする契約の締結に応じるよう交渉して、合意解除契約を締結するなどしたというのが、平成22年最判の事案です。

(3) 上記事案において、平成22年最判は、次のとおり判示しています。

「(被告人らの行った) 業務は、賃貸借契約期間中で、現にそれぞれの業務を行っており、立ち退く意向を有していなかった賃借人らに対し、専ら賃貸人側の都合で、同契約の合意解除と明渡しの実現を図るべく交渉するというものであって、立ち退き合意の成否、立ち退きの時期、立ち退き料の額をめぐって交渉において解決しなければならない法的紛議が生ずることがほぼ不可避である案件に係るものであったことは明らかであり、弁護士法72条にいう「その他一般の法律事件」に関するものであったというべきである。そして、被告人らは、報酬を得る目的で、業として、上記のような事件に関し、賃借人らとの間に生ずる法的紛議を解決するための法律事務の委託を受けて、前記のように賃借人らに不安や不快感を与えるような振る舞いもしながら、これを取り扱ったのであり、被告人らの行為につき弁護士法72条違反の罪の成立を認めた原判断は相当である。」(下線は筆者)

(4) 平成22年最判については、事件性必要説の立場から、判例が事件性必要説に親和的な立場に立ったとする見方があります。その理由としては、平成22年最判によれば、弁護士法72条の「法律事件」というためには、「権利義務に関する争いや疑義が具体化または顕在化していることまでは要しないものの、潜在的な事件性が必要である」ということになるから、少なくとも「潜在的な事件性が必要である」という限りにおいて、事件性不要説の立場とは相容れないというものです。

他方で、事件性不要説の立場からは、平成22年最判はあくまで事例判決であり、また、「交渉において解決しなければならない法的紛議が生ずることがほぼ不可避である案件」であれば、弁護士法72条の「法律事件」に該当すると判示したに過ぎず、そうでない案件（潜在的な事件性もない案件）については、「法律事件」に該当しないとまで判示したものではないから、必ずしも事件性必要説に親和的な立場だとはいえないという反論が考えられます。

(5) その後、東京地判平成27年7月30日判時2281号124頁は、行政書士（被告）が共同相続人間の遺産分割に関する業務を行ったことにつき不法行為責任が問題となった事案において、平成22年最判を挙げて、「被告は、…将来法的紛議が発生することが予測される状況において書類を作成し、相談に応じて助言指導し、交渉を行ったものといわざるを得ず、かかる被告の業務は、…弁護士法72条により禁止される一般の法律事件に関する法律事務にあたることが明らかである」（下線は筆者）と判示しました。この判示は、平成22年最判が述べる「法的紛議の発生が不可避」という点を「法的紛議の発生が予測される」とした点で、事件性の必要性についてはより緩やかに解しているようにも読めます。

また、東京地判令和2年2月3日LLI／DB判例秘書登載は、非弁護士の行ういわゆる「退職代行サービス」が非弁行為に該当するか否かが問題となった事案において、平成22年最判を引用した上で、「「その他一般の法律事件」に当たるといえるためには、法的紛議が顕在化している必要まではないが、紛議が生じる抽象的なおそれや可能性があるというだけでは足りず、当該事案において、法的紛議が生じることがほぼ不可避であるといえるような事実関係が存在することが必要であると解するのが相当である。」（下線は筆者）として、平成22年最判から一歩踏み込んだ判断（「法的紛議が生じることがほぼ不可避」と言える事案でなければ、「その他一般の法律事件には該当しない」と読めるような判断）をしています。なお、この控訴審である東京高判令和2年9月23日判例集未登載も同様の判断をしています。

(6) 以上のとおり、事件性の要否については、色々な見方があり、個別具体的な事実関係の把握が重要になりますが、少なくとも、平成22年最判が示した「交渉において解決しなければならない法的紛議が生ずることがほぼ不可避である案件」と評価できるような事案であれば「一般の法律事件」に該当すると考えて差支えはないでしょう。

（小町谷　悠介）

コラム 非弁提携弁護士による、違法な勧誘との闘い

1 A弁護士の着手金詐欺商法

(1) 市民窓口への苦情

平成28年9月に業務停止1年の懲戒処分を受け、同年11月に弁護士登録の抹消請求を行ったA弁護士については、その1年ほど前から弁護士会の市民窓口を通じ、「勧誘があったので事件を依頼したが、解決したという報告がない。」「すぐに回収ができるというので着手金を振り込んだが、その後どうなったか連絡が来ない。」という苦情が多数寄せられるようになりました。

苦情を寄せた方々はいずれも、過去に、「上場間近の未公開株がある。上場すれば大化けして値上がり間違いなしだ。すぐに買った方がいい。」などと勧誘されて無価値な未公開株を購入させられ数百万円も騙し取られた方、あるいは「物流に使うコンテナのオーナーになってレンタルすれば安定的に収益が得られる。」とコンテナの預託商法に騙され、数百万円を支払ってしまった方など、わが国で多数の被害を出した詐欺的投資商法の被害者たちでした。

A弁護士の事務員を名乗る者たちは、そうした、過去に投資詐欺被害に遭った被害者に対し、次々と電話を入れ、「あなたが騙された○○の事件をうちの事務所で解決し、金銭を回収している。すぐに着手金を払い込んでくれるなら、あなたの被害の分全額も戻してあげられる。急いで下さい。」などといって、喜ぶ被害者から着手金名目で金銭を振り込ませたのでした。

ところが、いくら待っても回収されたはずの金銭が送金されてこないため、弁護士会への苦情となったのです。

(2) 消費者被害に乗じての2次的詐欺

A弁護士の事務員が告げた「解決された被害事件」は、いずれもその時点で10年から7年近く前の古い消費者被害事件で、当時の業者らが残っているとは思えず、今更被害の回復などできないのではないかと思われる事件ばかりでした。

そもそも、弁護士の事務所から直接電話で事件依頼を勧誘するとか、確定的に被害金が戻るなどと確約するとか、そのこと自体異例です。さらに

A弁護士は80歳以上の高齢者で、過去にも多数の懲戒歴があり、特段消費者事件解決の高いスキルを有しているとの評判はなく、電話の内容は極めて疑わしいものでした。その手法は、おそらく、詐欺商法を行った業者そのものから顧客名簿を入手し、被害に遭った元顧客らに対し、解決してやると虚偽の事実を告げてさらに金銭を振り込ませる「詐欺の2次被害」と同じであろうと思われました。

A弁護士は、これらの件が元となって懲戒となり、その後自身で弁護士資格の抹消請求をしたのでした。

2　B弁護士による同様の被害

⑴　同じ事務所でのB弁護士の開業

ところが、それから2か月ほど経過したとき、A弁護士の事務所は名称を変えてB弁護士の事務所になりました。そして、程なくして、再び弁護士会の市民窓口に、「電話勧誘があって、すぐ着手金を振り込めば、過去の詐欺被害事件の被害金が戻るといわれたからお金は払ったのに、いつまで待っても戻ってこない。」と、B弁護士の事務所の苦情が寄せられるようになりました。その苦情を寄せてくる方々も、A弁護士の事務所が電話をしていた方々とほとんど同じ消費者事件の被害者でした。

どうやら、その事務所では、A弁護士からB弁護士に看板の名前を掛け替え、全く同じ詐欺商法を継続している様子です。

⑵　B弁護士の懲戒

この件が原因で、B弁護士もまた平成30年3月に除名処分となり、資格を失うことになりました。

3　さらなる消費者被害の防止のために

⑴　弁護士の背後にいる者からの被害回復

上記のような経緯から、一連の消費者被害事件を実際に行っていたのは2人の弁護士ではなかったことは明らかでした。ということは、2人の弁護士が退場しても、また再び同じことが行われる可能性も十分あるということです。

そこで、この「実行犯」を押さえ、彼らに被害を賠償させ、再度の違法行為をやめさせようと、消費者被害対策特別委員会のメンバーを中心に、「特定元弁護士被害対策弁護団」が結成されました。

(2) 被害者の実行犯の特定

A弁護士・B弁護士の事務所には、数人の事務員がおり、名前を名乗っていましたが、本名なのかは不明で、しかもそのほとんどが姓だけなので特定が困難でした。勤務先であったB弁護士の事務所は、B弁護士の懲戒の後解散していて、明渡が終了していましたから、探しに行くこともできません。

そこで、まずは被害者からの聞き取りを始めました。

(3) 探偵事務所からの勧誘

被害者の複数の人たちは、B弁護士が懲戒になる頃、「B弁護士に依頼した事件は、うちの探偵事務所で解決できるから、手数料を払ってほしい。」と勧誘されたとのことでした。その手法は、まさにB弁護士事務所のやっていたことと酷似しています。

その勧誘していた探偵事務所の名前をネット上で検索すると、法人登記が見つかりました。代表者の名前は、A弁護士事務所やB弁護士事務所にいた事務員と同じ名前でした。その事務員が両方の事務所で「事務長」を名乗り、詐欺的勧誘を指示していた首謀者Cであることが分かってきました。

(4) 関係者の調査

探偵社の法人登記から、代表者であったCの住民票が見つかりました。但し転居しており、次々と転居先を追いかけることとなりました。

また、A弁護士やB弁護士の住民票を追ううちに、住居の賃貸借契約を結びに来た人物の連絡先が分かりました。その人物は自分の携帯電話を連絡先にしていたため、そこから弁護士法の照会で電話の持ち主の住所が分かりました。

もう1人の事務員だった者は、事務所を辞める前に、被害者の高齢女性に電話をして「お金はもうすぐだから待っていて。」と伝えていました。被害女性が何度も「まだなの?おかしいんじゃないの?」と担当事務員を名指しで連日電話していたので、不審がらせないようにしたものと思われます。そのとき、被害女性は、かかってきた電話番号の通知を見て、書き留めておいたため、そこからも住所が分かりました。

結局、事務員らのうち3人の本名と住所が分かった訳です。しかし、3人とも何度も転居を繰り返しており、弁護団は住所調査に何度も足を運ばされました。

⑸ 民事訴訟の提起・判決・財産開示の申立

被害弁護団は、17名の被害者を代理して、A弁護士、B弁護士、そして3人の事務員を相手に損害賠償訴訟を提起しました。

被告らは全員欠席し、780万円余の請求は全額認容されました。

弁護団は、執行のため財産開示の申立を行い、考えられる限りの執行も行いましたが、このコラム執筆時には、残念ながら数十万円の回収しかできていません。

⑹ 刑事事件に

被害弁護団は、被害者からの受任後、早い段階で所轄の警察に相談し始めました。

当初警察の動きは迅速とは言い難かったものの、結局、被害弁護団の受任している被害者らとは別の方ながら、同じく着手金名目で金銭を騙し取られた方の事件1件が立件され、事務長のCが詐欺罪で起訴されました。判決は、執行猶予付きながら有罪となり、今後しばらくはCも同種の行為は慎むのではないかと期待されます。

⑺ さいごに

Cには有罪判決がおりましたが、今回のことがC単独の犯罪と考えていいのか、外にCとノウハウを分け合っている者らがいないのかなど解明できていない部分があるのも事実です。

弁護士が法律事務を独占しながら、その責任を果たさないとき、弁護士を陰で操りながらうまみだけを吸い取ろうとするCのような者はまた次々と現れます。それによって被害を被るのは、弁護士の顧客となる消費者です。被害救済を行うべき弁護士が、かえって消費者の加害者になるようなことのないよう、Cのような者らにつけ込まれないことが重要です。

（大迫　恵美子）

コラム　なりすまし詐欺―まさか、自分の事務所が？

Q　自分が所属する法律事務所の名義をかたって、架空請求がされているとの多数の連絡が来ました。事務所として、弁護士会に届出をする必要はありますか。また、警察に被害届を出した方がよいのでしょうか。

1　なりすまし詐欺

近年、実在の弁護士名や法律事務所名をかたり、金員を請求したり、これから請求することを予告するメールやハガキ等が届けられるという事態が発生しています。これらのメールやハガキ等の受領者から当該弁護士や法律事務所に連絡が入り、事実が発覚することが多いようです。

2　弁護士会への連絡

同様の手口による架空請求が多数行われていると予想される場合には、所属弁護士会に情報を共有しておくことが望ましいでしょう。過去には弁護士会のホームページにおいて、広く注意喚起を行った事例もあります。どのような請求を受けたのか、利用した媒介はメールなのかハガキなのか、連絡先として記載されている電話番号や住所は実在するのかなど、情報提供者からの聴取内容を弁護士会に共有することは、被害を最小限に抑えることに役立ちます。

3　警察への通報

業務を妨害されたことを理由とする被害届の提出や告訴も考えられますが、現実に立件される事例は乏しいようです。名前を使用された弁護士や法律事務所が直接の被害者でないことも、警察の消極的な態度の理由となっています。

4　法律事務所における対応

なりすまし詐欺に氏名、名称を利用された実在する弁護士や法律事務所には、電話やメール等によって、多数の情報が寄せられます。その内容は、「こんなお知らせが届いているけれど、自分の名前をどこで知ったのか」とか、「こんな通知、迷惑だ！」などのクレームであったり、文書を受け取ったことによる不安であったりと様々です。このような問い合わせに備えて、弁護士や法律事務所の関与を明確かつ簡潔に否定する内容の回答例を作成し、事務員に周知・徹底することが肝要です。

事務所のホームページを設けている場合には、事務所からのお知らせとして、なりすまし詐欺の事実が報告されていること、またかかる内容に所属弁護士及び当該法律事務所は関係していないことを迅速に掲載し、注意喚起を行うことも、有効と考えます。

（川原　奈緒子）

第2章

広告規制の基本
〜こんな広告はダメ！

1 最低限の義務

Q1 弁護士業務広告について、必ず記載しなければならない文言はありますか。

A 弁護士業務広告について、必ず記載しなければならない事項は、弁護士の氏名と所属している弁護士会の2つです(広告規程9条1項)。

弁護士法人の場合には、広告中に、弁護士法人の名称のほか、主たる法律事務所の名称又は広告に係る従たる法律事務所の名称、所属する弁護士会を記載する必要があります（広告規程9条2項)。

法律事務所として広告をする場合など、弁護士や弁護士法人が共同して広告をする場合には、共同する弁護士等の全者が上記の事項をそれぞれ記載する必要はなく、代表者（弁護士又は弁護士法人）が氏名又は名称等と所属弁護士会を表示することで足りるとされています(広告規程9条3項)。

ポイント

弁護士の業務広告には、①弁護士の氏名(弁護士法人の場合は名称)、②所属する弁護士会を記載する必要があります（広告規程９条１項、２項)。

法律事務所の名称だけでは足りませんので、注意が必要です。

解　説

1　法律事務所の名称のみでは足りません！

法律事務所名を記載し、事務所所在地や連絡先を記入すれば、弁護士の業務広告としては十分……ではありません！

弁護士が業務広告をするに際には、①弁護士の氏名（弁護士法人の場合は名称及び主たる事務所の名称又は広告に係る従たる事務所の名称をいいます。以下同じ。）と②所属している弁護士会の記載が必要です（広告規程9条1項及び2項）。

広告業者やウェブ制作会社は広告についてはプロですが、必ずしも、弁護士の広告規制に詳しいとは限りません。弁護士特有の義務を見逃してしまう可能性もあります。はじめて業務広告を出す場合などは特に、弁護士自身が各種規程や指針に目を通して、これから出そうとする業務広告がこれら規程等に沿っているか、違反していないか確認しておきましょう。

2　弁護士の氏名や弁護士会の表示が求められる趣旨

広告規程9条1項及び2項が、弁護士や弁護士法人（以下「弁護士等」といいます。）の氏名を表示させることとしたのは、法律事務所の名称又は弁護団その他の団体名を表示するだけでは当該広告の責任の所在が明確にならないので、これを明確にするためであるとされています（広告指針第8の1⑴参照）。

また、所属弁護士会を表示させることとしたのは、当該広告の内容につき利用者からみて不適正又は不審な点があるときに、当該広告主である弁護士が所属する弁護士会へ問い合わせる等により被害の発生を未然に防止する手がかりとなることを期待したものであるとされています（広告指針第8の1⑵）。

3　表示する氏名や名称、所属弁護士会について

弁護士の氏名について、職務上の氏名を使用している場合には、職務上の氏名を表示します（広告規程9条1項1号。広告指針第8の1⑴）。

弁護士法人の場合、表示しなければならない名称は、弁護士法人の名称及び主たる事務所の名称又は広告に係る従たる事務所の名称です（広告規程9条2項1号・2号）。社員の氏名を表示する必要はありません（広告指針第8の1⑸）。

弁護士法人が複数の弁護士会に所属する場合、主たる事務所の所在する

地域において所属する弁護士会又は広告に係る従たる事務所の所在する地域において所属する弁護士会を表示することとされています（広告規程9条2項3号）。

4　弁護士等が共同で広告をする場合

法律事務所や弁護団など、複数の弁護士等が共同で広告をする場合には、代表する弁護士等が氏名、所属弁護士会を記載すれば足ります。当該法律事務所や弁護団に所属する弁護士等全員の氏名や所属弁護士会を記載する必要はありません（広告規程9条3項）。

法律事務所や弁護団の所属弁護士等が全員の氏名や所属弁護士会を表示しなければならないとなると、場合によっては不可能を強いることになってしまい、現実的ではないこと、責任者1名が表示されていれば、当該広告の責任の所在は明らかとなりますし、所属弁護士会に問合せをすることもできるからです（広告指針第8の1⑶）。

5　バナー広告の場合

ホームページにおけるバナーは広告に該当しますが、バナー広告自体に責任者である弁護士等の氏名及び所属弁護士会の表示は必要ないとされています。ただし、バナー広告からアクセスし、必ず表示されるページにおいて当該広告の責任者である弁護士等の氏名及び所属弁護士会が表示されることが必要です。

これは、バナー広告からアクセスし、必ず表示されるページにおいて当該広告の責任者である弁護士等の氏名及び所属弁護士会が表示されれば、当該広告の責任の所在が明らかとなるためです（広告指針第8の1⑹）。

6　通信手段により法律事務を受任する場合の広告記載事項

⑴　広告の記載事項

弁護士等が電話や電子メールその他の通信手段によって法律事務を受任

すると広告をする場合には、弁護士等の氏名等、所属弁護士会の他、次に掲げる事項を表示しなければならないとされています（広告規程9条の2）。

① 受任する法律事務の表示及び範囲

② 報酬の種類、金額、算定方法及び支払時期

③ 委任事務の終了に至るまで委任契約の解除ができる旨及び委任契約が中途で終了した場合の清算方法

⑵ 趣 旨

広告規程9条の2では、通信販売における広告規制を定めた「特定商取引に関する法律」（以下、「特商法」といいます。）11条と同様の表示義務が定められています。

特商法11条は、役務の対価、その支払時期及び方法、クーリングオフに関する事項等の表示を義務付けているところ、弁護士業務は、弁護士自治に委ねるとして、特商法の適用除外とされています（特商法26条1項7号）。しかし、報酬の種類や金額（役務の対価）、支払時期、委任契約の中途解約ができるなどの表示義務は弁護士業務においても必要と考えられたため、広告規程9条の2が置かれました。なお、クーリングオフについては弁護士業務に適用することは適当ではないとされたため、弁護士業務広告においては、クーリングオフに関する広告規制は定められていません（広告指針第8の2⑴）。

⑶ 記載例

以下に、広告規程9条の2で定める事項についての記載例を掲載します（広告指針第8の2⑵より）。

① 受任する法律事務の表示及び範囲の例
　貸金返還請求事件　訴訟（控訴審）

② 報酬の種類、金額、算定方法及び支払時期の例
　着手金：30万円・受任時一括払い
　報酬金：甲（委任者）の得た経済的利益の12%

経済的利益の算定方法：乙（受任弁護士）の報酬基準に定める方法による
報酬金の支払時期：事件処理の終了時
③ 委任契約が委任事務の終了に至るまで解除ができる旨及び委任契約が中途で終了した場合の清算方法の例
甲（委任者）及び乙（受任弁護士）は、委任事務が終了するまでの間、本委任契約を解除することができる。本委任契約に基づく事件処理が、解任、辞任等により中途で終了したときは、乙の処理の程度に応じて清算を行うものとし、処理の程度についての甲及び乙の協議結果に基づき、弁護士報酬の全部又は一部の返還又は支払を行うものとする。

(4) 面談が基本

広告規程9条の2は弁護士等が通信手段によって法律事務を受任することを前提にその表示義務を定めています。また、弁護士が受任する際に必ず依頼者と直接面談することが求められているわけではありません（日本弁護士連合会弁護士倫理委員会編著『解説「弁護士職務基本規程」〔第3版〕』54頁（平成29年）参照）。

しかし、弁護士は依頼者の意思を尊重して職務を行うことが求められており（基本規程22条）、依頼者の意思を理解するためには、面談をすることが基本です。本人との面談を怠って懲戒された事例や弁護士の依頼者に対する説明義務が問題となった事例もあります。

このように、通信手段によって法律事務を受任する場合には、本条項の表示義務を遵守することはもちろん、面談による意思確認や説明ができない分、依頼者の意思確認等については一層の配慮が必要であるといえます。

なお、債務整理事件については、弁護士が事件を受任するに当たってあらかじめ依頼者と弁護士自らが面談して、一定の事項を聴取することが義務付けられています（債務整理規程3条）。そのため、債務整理事件についてはそもそも、通信手段によって法律事務を受任すべきではないと考えられます。

（皆　真希）

2 禁止広告の概要

Q2 弁護士業務広告のうち、禁止されている広告はありますか。

A 弁護士や弁護士法人（以下、「弁護士等」といいます。）は、広告規程3条により、事実に合致していない広告（1号）や、誤導又は誤認のおそれのある広告（2号）、誇大又は過度な期待を抱かせる広告（3号）、困惑させ、又は過度な不安をあおる広告（4号）、特定の弁護士等又はこれらの事務所と比較した広告（5号）、法令又は日本弁護士連合会若しくは所属弁護士会の会則若しくは会規に違反する広告（6号）、弁護士等の品位又は信用を損なうおそれのある広告（7号）をすることが禁止されています。

広告の方法や表示形態、場所等によっては、禁止されている広告に該当することもあり得ます（広告指針第3の14～22）。

ポイント

① 弁護士の業務広告の中には規程により禁止されている広告があります（広告規程３条１号～７号）。

② 広告の方法や表示形態、場所等によっては、禁止される広告に該当することもあり得ます（広告指針第３の14～22）。

解　説

1　意外と身近にある「禁じられた広告」

ある事務所は良心的な報酬基準を作成しているので、「割安な報酬で事件を受けます。」と広告に記載しました。ウェブ制作会社に、弁護士としての経験談を話したところ、担当者から、その経験に基づいて、ホームページには「交通事故で1億3000万円を獲得しています。あなたも可能です。」という文章を入れたら集客に効果的、と勧められました。当該事務所には経験豊富な弁護士が揃っており、比較的難事件といわれる事件もやり遂げる自信があるので、「当事務所ではどんな事件でも解決してみせます。」とホームページに記載しました。このような場面はいかにも身近にありそうです。

しかし、上記の広告はいずれも、禁止される広告に該当します。

1つ目は、弁護士報酬について、「割安な報酬」といった曖昧かつ不正確な表現であるとして、2つ目は他の事件を例として掲げ、その例と同じような結果をもたらすと思わせる表現であるとして、ともに、誤導又は誤認のおそれがある広告（広告規程3条2号）に該当するとされています（広告指針第3の3）。また、3つ目は、誇大又は過度な期待を抱かせる広告として広告規程3条3号に違反するとされています（広告指針第3の4）。

このように、利用者の目にとまるような広告を作りたいと熱心になるあまり、また、ウェブ制作会社の担当者から「集客に効果的」との説明を受けて、禁止される広告に該当する広告を出してしまうこともあり得ます。そのような事態に陥らないために、どのような広告が弁護士の業務広告として禁止されているのか、見ていきたいと思います。

2　禁止される広告とは

基本規程9条は、弁護士は「広告又は宣伝をするときは、虚偽又は誘導にわたる情報を提供してはならない」（1項）、「品位を損なう広告又は宣伝をしてはならない」（2項）と定めています。このように、虚偽又は誘導にわたる情報を提供するような広告や、品位を損なう広告は弁護士の業務広告として禁止されています。

品位を損なうおそれのある広告であるか否かは、弁護士等の立場から判断するのではなく、広告の受け手である国民から見た場合に弁護士等に対する信頼を損なうおそれのある広告であるか否かという視点で判断するものとされています（広告指針第3の1）。弁護士等の品位保持の目的が国民の弁護士等に対する信頼を維持することにあると考えられるからです。

具体的には、広告規程3条により、弁護士が以下の広告をすることは禁止されています。

1　事実に合致していない広告（1号）
2　誤導又は誤認のおそれのある広告（2号）
3　誇大又は過度な期待を抱かせる広告（3号）
4　困惑させ、又は過度な不安をあおる広告（4号）
5　特定の弁護士、弁護士法人、外国法事務弁護士若しくは外国法事務弁護士法人又はこれらの事務所と比較した広告（5号）
6　法令又は本会〔編注：日本弁護士連合会〕若しくは所属弁護士会の会則若しくは会規に違反する広告（6号）
7　弁護士等の品位又は信用を損なうおそれのある広告（7号）

そして、実際にどのような広告がこれらの規程に該当するかについては、広告指針第3に詳細に示されています。

以下では、広告規程3条各号で禁止されている広告について、広告指針に沿って具体的にご紹介します。なお、法令等に反する広告（6号）については後記本章**Q7～Q10**に、比較広告（5号）や弁護士の品位や信用を害する広告（7号）などは後記本章**Q9**にも具体的に説明がありますので、ご参考になさってください。

⑴　事実に合致していない広告（1号）

事実に合致してない広告とは、①虚偽の表示や②実体が伴わない団体又は組織の表示などが考えられます。その他、事実に合致しない事項が記載されたもの一切が本号に反します（広告指針第3の2⑴）。

例えば、休日や夜間に対応する体制ができていないにもかかわらず、「24時間365日対応」と広告を出すことなどです（石本哲敏「広告規制の概要」

東京弁護士会『LIBRA』2017年3月号11頁以下）。弁護士等が確実に対応できる時間帯を記載することが大切です。

⑵ 誤導又は誤認のおそれのある広告（2号）

明確に事実と合致していないわけではないのですが、誤導又は誤認のおそれがある広告も禁止されています。

例えば、交通事故の損害賠償事件の件数を損害賠償事件取扱件数に含めて延べ件数を表示し、「過去の損害賠償事件取扱件数○○件　航空機事故はお任せ下さい。」などとして、あたかも損害賠償事件については交通事故に限らず全般について習熟しているかのような印象を与える表現などです（広告指針第3の3）。そのほか、表現が抽象的でかつ説明が十分でないキャッチフレーズは、広告の受け手に対し、誤解や過度な期待を与えかねないため、その表現に十分な注意が必要です。ただし、「市民の味方です。」「懇切丁寧にやります。」「闘う弁護士」「モットーは迅速第一」のような表示は、事実に反しない限り許されるとされています（広告指針第3の10）。

⑶ 誇大又は過度な期待を抱かせる広告（3号）

誇大又は過度な期待を抱かせる広告の例としては、「たちどころに解決します。」などがあります（広告指針第3の4）。

⑷ 困惑させ、又は過度な不安をあおる広告（4号）

「今すぐ請求しないとあなたの過払金は失われます。」とか、強硬な取立ての状況の体験記を記載する等して、債務整理の依頼をしないとあたかも同様の状況に陥るかのように不安にさせて勧誘する広告などがあります（広告指針第3の5）。

⑸ 比較広告（5号）

弁護士は、特定の弁護士、弁護士法人、外国法事務弁護士若しくは外国法事務弁護士法人又はこれらの事務所と比較した広告（5号）を出すことが禁止されています。例えば、「○○事務所より豊富なスタッフ」「○○を宣伝文句にしている事務所とは異なり、当事務所は○○で優れています。」などです（広告指針第3の6）。

⑹ 法令等に違反する広告（6号）

法令等に違反する広告は禁止されています。名誉毀損・信用毀損、プライバシー侵害、著作権・商標権侵害に当たらないかどうか、不当景品類及び不当表示防止法に違反していないかどうか、確認することは大切です（広告指針第3の7⑴イ）。

弁護士法72条から74条に反する業者に弁護士の名義を使用させるなど、いわゆる非弁提携に関する広告はいわずもがなですが、他士業や弁護士等でない者と共同して広告を行う場合、当該弁護士等でない者が権限を越えた法律事務を取り扱うかのように表示された広告は弁護士法に反するおそれがあります。また、外国法事務弁護士及び外国法事務弁護士法人と共同して行う広告で、当該外国特別会員が適法に取り扱うことのできる法律事務の範囲が明示されていない広告も問題があります（広告指針第3の7⑴ア）。

その他にも、基本規程、法律事務所名称規程又は外国弁護士事務所名称規程にも注意する必要があります（広告指針第3の7⑵及び⑶）（後記本章Q7参照）。

⑺ 品位又は信用を損なうおそれのある広告（7号）

品位又は信用を損なうおそれのある広告としては、「法の抜け道、抜け穴教えます。」「競売を止めてみせます。」「用心棒弁護士」などが挙げられています（広告指針第3の8）。

3 広告の方法、表示形態、場所など

現在は、看板や新聞、電話帳、ポスター、電車やバスの中吊り広告、新聞の折込み広告、インターネットのホームページなど様々な広告媒体があります。弁護士の業務広告として、一律に禁止される広告媒体はありませんが、広告の方法や表示形態、場所等により、広告規程3条各号に違反する可能性があります（広告指針第3の14～22）。

以下では、注意が必要な広告の方法、表示形態などについていくつか取

り上げたいと思います。

⑴ 広告の方法、表示形態などが奇異、低俗等であるもの

他人に不快感を与える拡声器で連呼する広告や、サンドイッチマン、プラカードによる広告は、弁護士の品位又は信頼を損なうおそれのある広告として広告規程3条7号に反するとされています（広告指針第3の15⑴）。

⑵ ダイレクトメールなど

弁護士が面識のない者に対してダイレクトメールを送る際に、宛先リストの入手が不正な手段による場合には、広告規程3条7号に反することになります。

ダイレクトメールはもちろん、新聞の折込み広告、戸別の投げ込み広告等を利用する場合には、受け取った者に対して、奇異な感情又は不快感を抱かせないよう十分な配慮が必要です（広告指針第3の20)。「広告お断り」とあるのに、その表示を無視して戸別の投げ込み広告を行うようなことは、弁護士等の品位又は信用を損なうおそれがあるもの（7号違反）とされています（広告指針第3の20⑴）。

⑶ 屋外広告物について

屋外広告物とは、常時又は一定の期間継続して屋外に表示されるもので、建物その他の工作物等に掲出され、若しくは表示されるものを指し、具体的には、ポスター、立て看板、アーチ・アーケードや電柱又は街灯柱を利用したもの、電車広告又は自動車広告などが該当します（広告指針第3の22⑴）。これらは、屋外広告物法や観光立国推進基本法（並びにこれらに基づく各都道府県の条例)、道路交通法や道路法、建築基準法など複数の法律によって、細かく規制されています。条例等により許可申請の手続が求められることも多いので、関係する法令等を確認して、これらの法令等や手続きに反しないよう注意が必要です（広告指針第3の22⑵イ）。

（呰　真希）

❸ 表示できない広告事項

Q3 弁護士業務広告について、記載してはいけない事項などはありますか。

A 訴訟の勝訴率、顧問先又は依頼者、受任中の事件、過去に取り扱い又は関与した事件については、弁護士業務広告として記載してはいけない事項とされています（広告規程4条）。

もっとも、訴訟の勝訴率以外については、それぞれ例外的に記載してよい場合がありますのでそれに該当するかを個別具体的に判断することが必要となります。

具体的には、

① 以下のものは、依頼者等の書面による同意が得られる場合、記載できます。

顧問先又は依頼者、受任中の事件、過去に取り扱い又は関与した事件

② 以下のものは、依頼者が特定されず、かつ、依頼者の利益を損なうおそれがない場合も、記載できます。

受任中の事件、過去に取り扱い又は関与した事件

③ 以下のものは、広く一般に知られている事件で、かつ、依頼者の利益を損なうおそれがない場合も、記載できます。

過去に取り扱い又は関与した事件

以上の事項の制度趣旨及び留意点等の詳細については、ポイントと解説を参照してください。

ポイント

主に次の①、②に留意して広告規程４条の広告等の記載の可否を判断し、具体的な記載を行う必要があります。

① 依頼者等の同意は、「書面」で得ることに留意してください。

② また、同意を得る際に、書面に定めた期間、範囲等を踏まえて広告を記載することに留意してください。

解　説

広告規程4条は、訴訟の勝訴率、顧問先又は依頼者、受任中の事件、過去に取り扱い又は関与した事件については、弁護士が業務広告として表示してはいけない事項と定めています。

広告規程4条は、広告規程3条の規定により禁止される典型的な広告事項を具体的に明示し、及び列挙したものであって、広告規程4条の規定に掲げられていない広告事項であっても、広告規程3条各号のいずれかに該当するときは、これを許容するものではないことに留意しなければなりません（広告指針第4の1(1))。

ただし、本条では広告規程3条と異なり、例外的に記載が認められる場合を定めていることに特有の意味があるといえます。

以下、広告規程4条の内容を各号の趣旨を踏まえて詳説します。

1　訴訟の勝訴率（広告規程４条１号）

訴訟事件の勝訴率を表示することは、誤導又は誤認のおそれのある広告に該当し、広告規程3条2号に違反する例です（広告指針第4の2)。したがって、広告として表示してはいけない事項と定められています。

勝訴率は、弁護士の担当する案件の性質によって影響を受ける事項であり、必ずしもその弁護士の能力を示すものではないにも関わらず、広告として記載されると、弁護士の能力を示すものと捉えられがちであり、誤導又は誤認につながる広告となるおそれが大きいといえます。そこで、本号において記載してはいけない事項とされています。

事件ごとにその性質も考慮せず、案件全体の勝訴率を漫然と記載することは、事件の性質・類型によってはかなり勝訴率が低くならざるを得ない事件も存在すること等を考えると、必ずしも弁護士の能力を正確に伝えるものではないと考えられます。

広告等を出稿する際、勝訴率は真っ先に記載を検討することもあると思いますが、本条の存在を踏まえ記載されないようご留意ください。

2 顧問先又は依頼者。ただし、顧問先又は依頼者の書面による同意がある場合を除く（広告規程４条２号）

顧問先又は依頼者は、弁護士及び外国法事務弁護士の守秘義務にかかる事項であり、顧問先又は依頼者をその同意なく表示することは、法令に違反する広告に該当し、広告規程3条6号に違反する例です（広告指針第4の3(1)）。したがって、原則として広告として表示してはいけない事項と定められています。

かつては顧問関係を広告することは、弁護士間の無用な競争を避けること等を考慮し顧問先の同意の有無に関わらず一切禁止されていました。

しかし、弁護士がどのような顧問先等を有しているかは、依頼者等の弁護士選択に当たって有益な情報であることから、一定の条件のもとに例外的に記載を認める場合が定められました。もっとも、弁護士には守秘義務がありますので、それに反しないようにするため、書面による同意が要件として要求されることとなりました。

同意を得る際に「書面」による同意としたのは、同意をめぐって後日に争いが生じることをできるだけ防ぐためです。同意の範囲や有効期限等は個別に判断することとなりますが、同意を得た場合であっても書面記載の同意の範囲等を逸脱することのないよう十分に留意する必要があります。

また、広告規程4条2号ただし書の規定により顧問先又は依頼者の書面による同意がある場合において、顧問先又は依頼者を広告に表示する場合の顧問先又は依頼者は、単なる名目的な関係を有するのみのものであってはならず、誤導（広告規程3条2号）となるおそれがないような実質的な関係を備えているものでなければなりません（広告指針第4の3(2)）。

広告規程4条2号ただし書の書面による同意は、守秘義務に関して無用な 争いが生じることを避けるため、同意の範囲、有効期限その他必要な事項を明示して得なければなりません（広告指針第4の3(3)）。そして、具体的な広告記載の際には、かかる同意の範囲を逸脱することがないかを厳重にチェックし、後日の紛争防止に心がけることが望まれます。

また、同規程4条2号に規定する場合において、過去の顧問先又は依頼者を表示する場合には、そのことを明示するなどして誤導にならないように配慮しなければなりません（広告指針第4の3(4)）。

3　受任中の事件。ただし、依頼者の書面による同意がある場合及び依頼者が特定されず、かつ、依頼者の利益を損なうおそれがない場合を除く（広告規程4条3号）

受任中の事件についても、弁護士及び外国法事務弁護士の守秘義務にかかる事項であり、当該事件の依頼者の同意なくこれを表示することは、法令に違反する広告に該当し、広告規程3条6号に違反する例です（広告指針第4の4(1)）。したがって、原則として広告として表示してはいけない事項と定められています。

広告規程4条3号の適用に当たっては、条文中の用語の解釈が問題となりますが、まず、「事件」とは、訴訟事件に限らず、訴訟外の事件、交渉案件等弁護士等が受任中の事件全てを広く含むものと解されます。次に、「受任中」とは委任契約締結時から委任契約終了時（契約の目的となっている委任事務処理が終了し、金銭の清算等の一切の処理が完了した時点をいう。）までの期間をいうと解されます（広告指針第4の4(2)）。

次に、例外的に記載が認められる場合としては、まず依頼者の書面による同意がある場合は、依頼者に対する守秘義務に反することにならないため、広告に受任中の事件の表示をすることが許されています。なお、事件の相手方に対してはそもそも守秘義務を負っていませんので、相手方の同意まで得る必要はありません（広告指針第4の4(3)）。

次に、その他に例外的に広告への記載が認められる場合として、広告規程4条3号ただし書中、依頼者が特定されない場合でかつ依頼者の利益を損なうおそれがない場合が定められています。これに該当する場合としては、例えば、集団訴訟事件で、原告団への加入を呼びかける必要があるにもかかわらず、依頼者が多数で既に委任を受けている依頼者の個別の同意を得るのが困難な場合等、依頼者が特定されることなく広告することが可能であり、かつ、依頼者の利益にも合致すると思われる場合をいいます。

この場合において、依頼者が特定されずかつ依頼者の利益を損なうおそれがない場合か否かについては、単に依頼者名が表示されていないというのみではなく、依頼者が実際に特定されていないか等、個別具体的に判断することが必要となります（広告指針第4の4(4)）。

広告規程4条3号ただし書後段は、受任中の事件が広告されるとことにより依頼者と弁護士との信頼関係が損なわれることのないよう配慮して定められました。依頼者が特定されない場合としたのは、依頼者名を表示しない場合でも依頼者が特定されてしまう場合があるためです。

なお、広告規程4条3号ただし書後段に該当する場合であっても、弁護士等は、依頼者の書面による同意を得るように努めることが必要です（広告指針第4の4(5)）。後日のトラブルをできるだけ防止するためには、依頼者から書面による同意を得ておくことがより望ましいからです。

4　過去に取り扱い、又は関与した事件。ただし、依頼者の書面による同意がある場合及び広く一般に知られている事件又は依頼者が特定されない場合で、かつ、依頼者の利益を損なうおそれがない場合を除く（広告規程４条４号）

過去に取り扱い、又は関与した事件は、弁護士及び外国法事務弁護士の守秘義務にかかる事項であり、依頼者の同意なくこれを表示することは、前号と同様に法令に違反する広告に該当し、広告規程3条6号に違反する例です（広告指針第4の5(1)）。したがって、原則として広告として表示してはいけない事項と定められ、その例外が広告規程4条4号ただし書に定められています。

広告規程4条4号ただし書において、過去に取り扱い、又は関与した事件を広告に表示できるとされる次に掲げる場合のうち、①及び③に掲げる場合については、広告規程4条3号ただし書の場合と同様に解釈し、適用し、及び運用します（広告指針第4の5(2)）。

①　依頼者の書面による同意がある場合

②　広く一般に知られている事件で、かつ、依頼者の利益を損なうおそれがない場合

③　依頼者が特定されない場合で、かつ、依頼者の利益を損なうおそれがない場合

また、上記②の「広く一般に知られている事件」とは、既に判例集、新聞、雑誌等で広く公表されている事件であり、守秘義務違反となるおそれが低いものをいいます（広告指針第4の5(3)）。

広告規程4条3号の受任中の事件に比べ例外的取り扱いが認められる範囲が広いのは、過去に取り扱った事件又は過去に関与した事件は、受任中の事件に比べ、事件の結論が既に出て評価もある程度固まっていることが多く、誤導等のおそれ（広告規程3条2号、同3号）が比較的に低いためです。

詳細については本章Q8の解説で述べますので、ご参照ください。

〈参考文献〉

・深澤諭史『Q&A弁護士業務広告の落とし穴』（第一法規、平成30年）
・日本弁護士連合会　弁護士業務の広告問題ワーキンググループ編集『弁護士広告―業務広告規定の解説』（商事法務研究会、平成12年）
・石本哲敏「広告規制の概要」東京弁護士会『LIBRA』2017年3月号

（林　俊孝）

4 広告をした弁護士の義務

Q4 弁護士業務広告をした場合に、資料の保管義務などはありますか。

A 弁護士及び弁護士法人は、広告をした場合は、①広告物又はその複製、写真等の当該広告物に代わる記録、②広告をした日時、場所、送付先等の広告方法に関する記録、③広告規程4条2号ないし4号（依頼者、関与事件等の表示における依頼者等）の同意を証する書面を、3年間保存する義務があります。

以上の事項の詳細については、ポイントと解説を参照してください。

ポイント

① **広告記録の保存義務（広告規程11条、広告指針第8の4）**

② **弁護士会の調査権、弁護士等の調査協力義務及び弁護士等の証明責任（広告規程12条1項ないし4項）**

解　説

1　弁護士等の広告記録の保存義務について

広告規程11条では、「広告をした弁護士等は、広告物又はその複製、写真等の当該広告物に代わる記録及び広告をした日時、場所、送付先等の広告方法に関する記録並びに第4条第2号から第4号までに掲げる同意を証する書面を当該広告が終了した時から三年間保存しなければならない。」との保存義務が定められおり、弁護士及び弁護士法人は、広告をした場合は、①広告物又はその複製、写真等の当該広告物に代わる記録、②広告をした日時、場所、送付先等の広告方法に関する記録、③広告規程4条2号ないし4号（依頼者、関与事件等の表示における依頼者等）の同意を証する書面を、3年間保存する義務があります。

そして、この保存義務の趣旨は、広告規程12条1項の規定により弁護士会から提出を求められたときに応じられるようにするためです（広告指針第8の4）。

2　広告物の保存と広告方法の記録の要領について

広告指針第8の4では、広告物等の保存は現物そのものを保存することが原則とされ、広告物の保存と広告方法の記録の要領として以下のことが定められています。

⑴　紙に印刷した広告物について

事務所案内、事務所報、案内チラシ等の当該弁護士等の広告のみを紙に印刷した広告物については、当該広告物と同一の物を保存します。

そして、電話帳広告、雑誌広告、新聞紙広告等の当該弁護士等の広告以外のものも含まれている紙に印刷した広告物については、当該広告物が掲載され、若しくは掲示されている頁及び当該電話帳、雑誌、新聞紙等を特定できる表紙、奥書等の頁又はそれらの複製を保存します。

なお、暑中見舞い、年賀状等の時候の挨拶状は、広告と認められる場合等を除き、原則として広告物に該当しないので、保存する必要はありません。しかし、面識のない者に対して配布する場合には、その内容、態様、方法等により顧客誘因が主たる目的とは認められない場合を除き、広告に該当するおそれが高いとされており（広告指針第8の3参照）、広告に該当する場合には保存する必要があります。

また、送付に係る広告物の場合には、郵便、電子メール、直接配布、業者依頼配布等の区別、送付先及び送付年月日について記録します。

⑵　物理的に保存に適しない広告物について

立て看板、のぼり旗、広告幕、広告板、広告塔等の物理的に保存に適しない広告物については、現物の状況が判るよう写真等によりその状況を保存すれば足りるものとされています。

また、屋外広告物については、立て看板、広告板等の当該屋外広告物の種類、掲示等をした場所及びその周囲の状況、掲示等の期間、当該屋外広告物の大きさ等を記録します。

(3) インターネットのホームページを利用した広告について

インターネットのホームページを利用した広告の保存又は記録をするときは、データ又はプリントアウトした印刷物を保存します。ただし、頻繁に書き換えられる細目にわたる事項の変更については、変更の前後を通じて同一の広告とみなすものとされ、重要な広告事項の変更があったとき又は画面の一新、掲載内容の大幅な変更若しくは改訂等により広告物として同一性を認めることができない変更があったときは、変更の前後のデータをいずれも保存します。

3 広告規程12条との関係

広告規程12条1項は「弁護士会は、所属の弁護士等に対し、必要があると認めるときは、前条に規定する記録等の提出を求め、その他広告に関する調査を行うことができる」と弁護士等に対する所属弁護士会の調査権を、同条2項では「弁護士等は、前項の調査に協力しなければならない」と弁護士会の調査に対しての弁護士等の協力義務を定めています。つまり、所属弁護士会からの求めがあるときは、弁護士及び弁護士法人は、広告規程11条の保存する広告記録等を提出することになります。

また、広告が広告規程3条1号に該当する疑いがあるときは、弁護士会は、広告をした所属の弁護士等に対して、広告内容が事実に合致していることを証明するよう求めることができ（広告規程12条3項）、弁護士又は弁護士法人が広告内容につき事実に合致していることを証明できなかったときは、弁護士会は、当該広告が広告規程3条1号に該当するものとみなすことができるため（広告規程12条4項）、広告内容が事実に合致しているか否かの証明責任は弁護士及び弁護士法人にあることになるので、広告内容が事実に合致しているか否かについての問題があり、それを立証できないときは虚偽広告に当たるとして処分を受けることがあります。

つまり、広告規程11条の広告記録の保存は、弁護士の義務ですが、規程12条との関係では、広告が事実に合致していることを弁護士が証明するために必要なものにもなります。

〈参考文献〉

・石本哲敏「広告規制の概要」東京弁護士会『LIBRA』2017年3月号

（吉田　和美）

5 訴訟の勝訴率、破産事件の免責許可率、刑事事件の不起訴率

Q5 弁護士として通常行うべき処理をしていれば、ある程度得られる結果の訴訟の勝訴率、破産事件の免責許可率、刑事事件の不起訴率を、広告で事務所の実績として訴求したら、広告規制上何か問題がありますか。

A 弁護士や弁護士法人は訴訟の勝訴率を表示した広告をすることはできません（広告規程4条1号）。また、破産事件の免責許可率や刑事事件の不起訴率は、広告に表示できない事項として規程には掲げられておらず、広告指針にも記載はありませんが、訴訟の勝訴率と同様に誤導又は誤認のおそれのある広告として広告規程3条2号に該当すると考えられ、広告に表示できないものと考えられます。

以上の事項の詳細については、ポイントと解説を参照してください。

ポイント

誤認又は誤導のおそれのある広告の禁止（広告規程３条２号、広告指針第３）、訴訟の勝訴率を表示する広告の禁止（広告規程４条１号、広告指針第４）

解　説

1　訴訟の勝訴率について

(1)　広告規程4条1号では、訴訟の勝訴率を表示する広告が禁止されています。訴訟の勝訴率の表示は、広告規程3条2号で禁止される誤認又は誤導のおそれのある広告に該当するからです（広告指針第4の2）。

(2)　訴訟の勝訴率の表示が誤認又は誤導につながる理由として、次のことが考えられます。

訴訟では当事者の主張と立証で勝敗が決まります。受任事件について、弁護士が訴訟で効果的な主張立証を尽くして勝訴を目指すことは当然のことです。しかし、事件の種類によって、訴訟結果の傾向に違いが見られる場合があります。例えば、判例が確立している過払い請求の事件については、消費者側の原告が勝訴し、金融会社側の被告が敗訴する確率が高く、一方、証拠の偏在が大きく見られる医療過誤の事件については、病院側の被告が勝訴し、患者側の原告が敗訴する確率が高いと考えられます。また、事件の種類だけではなく、各々の事件が持つ特徴によっても、訴訟の結果は大きく影響を受けます。

また、勝訴が困難であると思われる事件でも、相談者との信頼関係や相談者の置かれている状況等を鑑み、相談者の強い要望から受任に至る場合があり、その場合は勝訴率が低下することになります。他方、勝訴の見込みの高い事件を優先的に受任した場合には、勝訴率が上昇することになります。つまり、受任事件の選択によっても勝訴率は左右されます。

つまり、訴訟の帰趨は受任した事件の種類や内容の影響を大きく受けるため、今までの訴訟の勝訴率が相談者の事件についても当てはまるものではありません。更にいえば、訴訟の勝訴率は過去の統計値であって、過去の勝訴率が将来の勝訴を保証するものでもありません。

(3) それにもかかわらず、広告として勝訴率が表示された場合には、相談者の事件も同様の確率で勝訴できるのではないかと誤導又は誤認を生じさせるおそれがあるため、広告に表示することが規制されているものと考えます。

2 破産事件の免責許可率について

(1) 破産事件の免責許可率の広告については、広告規程に定めはなく、広告指針にも記載がありませんが、次のように考えられます。

(2) 破産手続では、破産者の経済的更生のための免責制度があります。

裁判所は、破産者が免責不許可事由（破産法252条1項各号）に該当しないときは、免責許可の決定をし（破産法252条1項本文）、免責不許可事由のいずれかに該当する場合でも、破産に至った事情その他一切の事情を考慮して相当と認めるときは、免責を許可することができます（裁量免責、破産法252条2項）。免責許可の決定が確定したときは、破産者は、破産手続による配当を除き、破産債権について責任を免れることになります（破産法253条1項本文）。個人債務者にとっては、破産手続の申立てをする場合、この免責許可を受けることが最大の課題になります。もし、免責不許可事由があり、そして裁量免責も難しいと判断される場合には、破産手続ではなく、個人再生や任意整理等の手続きを検討することになります。

(3) 現に、実務で免責不許可とされる事例は、免責申立があったうちのごくわずかにすぎず、概ね0.1%から0.5%といわれています（全国倒産処理弁護ネットワーク『注釈破産法（下）』630頁（きんざい、平成27年））。つまり、免責不許可事由や裁量免責についての見通しを誤らない限り、大半の弁護士は100%に近い免責許可率を得ることができると考えられます。

(4) しかし、そのように100%近い免責許可がなされている現状であったとしても、実際に免責許可がされるか否かは、免責不許可事由がないか、裁量免責がされるかの相談者の事情に拠るのであって、広告に「実績100%の免責許可率」等と表示した場合、自分も免責許可を受けることが出来ると思わせてしまうため、誤導又は誤認のおそれのある広告（広告規程3条2号）に該当すると考えられます。

3 刑事事件の不起訴率について

(1) 刑事事件の不起訴率の広告についても、規程に定めはなく、指針にも記載がありませんが、次のように考えられます。

(2) 刑事事件につき検察官が公訴を提起しないことを不起訴といいま

す。2020年については、既済総数648,970（人）のうち、起訴（略式命令請求含む）146,086（人）に対して不起訴406,408（人）となっています（法務省『2020年検察統計「統計表　6　検察庁別被疑事件の受理、既済及び未済の人員（道路交通法等違反被疑事件を除く）」』）。

(3)　犯罪の嫌疑がある場合でも、起訴猶予として不起訴となる場合があるため、刑事弁護人は、まずは起訴猶予を、そして起訴が免れない場合でも100万円以下の罰金又は科料となる可能性のある犯罪については略式命令請求を求めて弁護活動をするものと考えられます。

(4)　しかし、起訴猶予の基準は、犯人の性格、年齢及び境遇、犯罪の軽重及び情状並びに犯罪後の情況とされています（刑事訴訟法248条）。具体的には、法定刑の軽重、被害の程度、犯罪の動機・原因・方法・手口、前科前歴の有無、常習性の有無、反省の有無、謝罪、被害弁償の有無、示談の成否、被害感情等が基準となります。初犯で被害も比較的軽微であれば示談ができなかった場合でも起訴猶予の可能性がありますが、他方、同種の前科前歴がある又は被害が重大な場合は起訴される可能性が高くなると考えられます。つまり、起訴猶予になるかは、そもそもの被疑事件の内容や被疑者の属性が重要な要素となります。

(5)　それにもかかわらず、広告に不起訴率を表示した場合には、自分の刑事事件も同じ確率で不起訴になるのではないかと思わせてしまうため、誤導又は誤認のおそれのある広告（広告規程3条2号）に該当することになります。

〈参考文献〉

・全国倒産処理弁護ネットワーク『注釈破産法（下）』（きんざい、平成27年）
・法務省『2020年検察統計「統計表　6　検察庁別被疑事件の受理、既済及び未済の人員（道路交通法等違反被疑事件を除く）」』

（吉田　和美）

6 専門分野、スペシャリスト、プロ、エキスパート

Q6 弁護士業務広告で、「○○専門」と書くことには何か問題がありますか。

A 「専門分野」等の表示は控えた方が望ましいと考えられます。同趣旨の表現である「スペシャリスト」、「プロ」、「エキスパート」等についても同様です（広告指針第3の12）。

以上の事項の詳細については、ポイントと解説を参照してください。

ポイント

専門分野と得意分野の表示（広告指針第3の12）

解　説

1　専門（分野）の記載について

(1)　専門（分野）の記載は、広告規程3条2号ないし同3号に該当するおそれがあるため、控えた方が望ましいと考えられます。

(2)　これを控えるべき理由として、次のことが考えられます。

「専門」といえるためには、一般的に特定の分野を中心的に取扱い、処理経験が豊富で、処理能力に優れていることが必要と解されます。

国民の立場においても、「専門」という表示に接した場合に上記のイメージを抱くものですし、それゆえ国民においては依頼を検討している弁護士が当該分野において「専門」であるか否かに強い関心が寄せられるところです。

しかしながら、「専門」は抽象的な概念であり、客観的な判断が困難であるという現実が存在します。上記の要件に照らしても、業務全体の何割を占めれば「中心的に取扱い」といえるか、具体的な数値と

していくつであれば「処理経験が豊富」といえるか、何をもって「処理能力に優れている」といえるか、その客観的基準は存在しません。そのため、専門性の判断には客観性が担保されないものといえ、これを個々の弁護士の評価に委ねると経験や能力が十分でないにも関わらず専門を自称するという事態も想定されます。

このような事態が発生した場合、当該広告は広告規程3条2号ないし同3号に該当することになり、国民の利益を害し、ひいては弁護士等に対する国民の信頼を害することになります（広告規程3条については本章**Q2**参照）。

そのため、専門（分野）との表現を広告に記載することは控えるべきと考えられます。

⑶　仮に自身の経験や能力に自信があったとしても、このような記載をすることで他の弁護士がこれを参考に同様の広告をすることが考えられ、結局は上記の弊害が発生するおそれがあることになります。

よって、やはりいかなる場合にもこれは控えた方がよいと考えるべきです。

⑷　「スペシャリスト」、「プロ」、「エキスパート」等の表現も、「専門」と同じ趣旨ですから、同様のことがいえます。

⑸　ただし、「専門」であることをアピールする趣旨で、不動産分野について宅建業の資格があることを表示する場合などは、資格の有無という客観的基準に基づくものですから、問題ないと考えられます。

2　問題ないと考えられる表現について

⑴　「専門（分野）」とは異なり、「得意（分野）」との表現を広告に用いることは、問題ないと考えられます（広告指針第3の12）。

なぜなら、「専門」か否かは客観的に評価すべきものであるのに対し、「得意」か否かは主観的評価が可能である概念だからです。広告に接する国民としても、前者の表示によって生じる勝訴等の期待と、後者の表示によって生じる期待とは差があり、後者であればその期待を害する結果となる可能性は低いと考えられます。

ただし、「得意」でない分野を「得意分野」と表示するのは、明らかに誤導又は誤認のおそれがある広告に当たり、禁止されるのは当然です（広告規程3条2号）。

(2) また、特定の分野への注力を明示する場合であっても、「積極的に取り組んでいる分野」や「関心のある分野」という表現であれば、経験の多寡という抽象的基準によらず使用することのできるものですから、広告に用いることに問題がないといえます。

(3) 同様に「取扱い分野」、「取扱い業務」という表現についても、これのみでは国民に勝訴等についての過大な期待等を生じさせるものではありませんから、広告に用いることに問題がないといえます。

(4) このとおり、表現によっては広告使用に許されるものと許されないものがあることになります。

表現の選択は自主的判断によるしかありませんが、その選択の際には客観的基準に基づくものか、広告の受け手である国民に過大な期待を抱かせるものではないかという趣旨に立ち返って判断すべきということができます。

3　その他注意点について

「専門分野」や「得意分野」という表現と併せて、数値による実績のアピールがなされることが考えられます。

このような場合についての注意点は、**本章Q5**を参照してください。

（富澤　章司）

7 ○○相談センター

Q7 事務所のウェブサイトに、各分野の法律相談を誘引するために、「相続・遺言・遺産分割相談センター」、「離婚相談センター」、「債務整理相談センター」と題するページを作りました。何か問題はありますか。

A 弁護士等の事務所の名称とは別の組織、施設等の名称を用いる広告は、禁止されます。

以上の事項の詳細については、ポイントと解説を参照してください。

ポイント

複数名称の禁止（法律事務所名称規程６条・13条、外国弁護士事務所名称規程６条・９条の６）、（広告規程３条６号）、（広告指針第３の７）

解　説

1　複数名称の禁止について

(1)　弁護士及び弁護士法人は、その法律事務所に複数の事務所名称を付すことが禁止されています（法律事務所名称規程6条、13条）。

外国法事務弁護士及び外国法事務弁護士法人についても、同様の規制が存在します（外国弁護士事務所名称規程6条、9条の6）。

(2)　このような禁止規程の趣旨は、いかなる名義をもってしても複数の法律事務所を設けることが禁止されていること（弁護士法20条3項）を貫徹させるためにあると考えられます。

当該規定の立法趣旨は、弁護士間の過当競争による事件の奪い合いを防止して弁護士の品位を保持すること、非弁護士の温床となるおそれを防止すること、弁護士会の指導連絡監督権の行使を確保することにあるとされ、このうち非弁護士の温床となることの防止が最も大きな理由であると考えられています（東京高判昭50年1月30日行裁例集26巻1号87頁。髙中正彦『弁護士法概説〔第4版〕』104頁（三省堂、平成23年））。

(3) 上記各規程において要件とされている、複数の事務所名称を付することとは、「登録されている事務所名称とは異なる事務所名称を用いる一切の場合をいうもの」と解されています（法律事務所等の名称等に関する規程及び外国法事務弁護士等の名称等に関する規程の解釈及び運用の指針第2の4）。

ただし、外国人に読ませるための補助的な手段にすぎないものと認められる事務所名称の外国語表記、電話応対の際に事務所名称を簡略化して用いる場合には、この規制に抵触しないとされています。

他方、以下の場合は複数の事務所名称を付することに該当するとされています（法律事務所等の名称等に関する規程及び外国法事務弁護士等の名称等に関する規程の解釈及び運用の指針第2の4）。

【例1】 登録されている事務所名称とは異なる略称、通称、愛称その他の名称を恒常的又は固定的に表示すること。

【例2】 登録されている事務所名称に略称、通称、愛称その他の文言を付加して名刺等に印刷し、業務広告等において表示するなど恒常的又は固定的に表示すること。

【例3】 「○○法律事務所内」を事務所の所在場所とし、かつ、別の事務所名称を付して登録事項に関する届出をすること。

【例4】 「○○法律事務所」の「○○」が漢字である場合に、「○○」を平仮名読みにした「△△△△」を用いて「△△△△法律事務所」との表記を「○○法律事務所」との表記と別に用いること（漢字の事務所名称の読み方が難解である場合等において、漢字の事務所名称のふりがなとして付記されていることが明確である場合を除く。）。

【例5】 登録されている事務所名称と別に取扱い分野を表示する方法として「○○センター」、「○○相談所」等の表示を用いること。
【例6】 法律事務所の名称を「○○研究所兼○○法律事務所」又は「○○センター兼○○法律事務所」とすること。
【例7】 隣接専門職との共同事務所として「○○税理士事務所○○法律事務所」との名称を用いること。

(4) 上記の【例5】にあるとおり、当該分野の相談を誘引するためであっても、「○○センター」という名称を、事務所を表示するものとして広告に使用することは、複数名称の禁止規程に抵触します。

そのため、このような広告は日本弁護士連合会の「会規に違反する広告」として、広告規程3条6号に該当し、禁止されることになります（広告指針第3の7も参照)。

2 注意すべき点について

(1) 事務所のウェブサイト上に表示される方法によって上記広告を行う場合のみならず、広告のウェブサイト（「○○相談センター」のホームページ形態等）に事務所のウェブサイトのリンクを貼るなどして事務所相談に誘引する場合も、実質的に事務所のウェブサイト上で広告をしているのと変わらないため、やはり禁止されると解するべきです。

(2) また、弁護士が事務所から離れて個人として「○○相談センター」において相談業務を行う場合は、複数名称というより弁護士の職務活動を事務所から離れて行っているものとして、複数事務所の設置禁止（弁護士法20条3項）に抵触し、やはり許されないと考えられます。

(3) さらに、事業者が開設した「○○相談センター」において、弁護士が相談担当者として対応することは、そもそも事業者が法律相談等の法律事務を取り扱う旨の標示をすることが弁護士法74条2項に違反し、また弁護士が法律事務の周旋を受けるものとして同法72条本文に違反する可能性が高いといえます。

非弁提携に該当するものとして、特に注意が必要です（**第1章Q10**を参照）。

〈参考文献〉

・高中正彦『弁護士法概説〔第4版〕』104頁（三省堂、平成23年）

（富澤　章司）

8 「お客様の声」・解決事例

Q8 広告上で実績のアピールとして過去に扱った事例を紹介したいと思っていますが、守秘義務との関係が気になります。どのような記載であれば問題ないか、基準などを教えてください。

A 過去に扱った事例については、本章**Q3**で述べたように広告規程4条4号で、原則として記載が禁じられており、例外的に、依頼者の書面による同意がある場合及び広く一般に知られている事件又は依頼者が特定されない場合で、かつ、依頼者の利益を損なうおそれがない場合について記載が認められています。加えて、事例広告においては事実に合致しない広告とならないように注意することも必要となります(広告規程3条1号)。

なお、過去の事例以外にも現在受任中の事件等の記載についても原則として禁じられ、一定の例外が認められています(広告規程4条2号、3号)。詳細は本章**Q3**をご参照ください。

以上の事項の詳細については、ポイントと解説を参照してください。

ポイント

主に次の点に留意して広告等への過去の実例記載の可否を判断し行う必要があります。

①　書面で依頼者の同意を得ているか

②　書面で依頼者の同意を得ていない場合

(a)　広く一般に知られている事件、または、依頼者が特定されない場合といえるか

(b)　依頼者等の利益を損なうおそれがないか

(c)　事実に合致しない広告ではないか

解　説

1　掲載するメリット

過去にあった事件を事例として掲載するメリットは、様々な類型の事件について手続の概要などを分かりやすく依頼者に伝えることができるとともに、自己の実績をさりげなく示すこともできること等が挙げられます。例えば、交通事故の事案で、交渉から裁判に至る手続きを形式的に記載するよりも、「○○さんは、昨年交通事故に遭い、重傷を負いました。～」等具体例を示した方が一般の方にとっては分かりやすいと思われます。

弁護士の事件への関わり方のイメージも事例とあわせてだと理解されやすいと思われます。紹介する事例の中の様々な解決の手法の中に読み手側のニーズにあったものがあれば、その弁護士への依頼につながりやすくなるという意味でも弁護士にも大きなメリットがあります。このようなメリットがあることから、弁護士が広告業者に依頼してウェブサイトを作成したり広告を出したりするとき、広告業者が過去の事例を掲載するよう求めてくることが多くあります。

本章Q3でも述べましたが、依頼者の書面による同意を得た上で掲載するということであれば問題はないのですが、実際同意を得るのは難しい場合もあります。依頼者の中には、紛争が存在したこと自体秘密にしておきたい方もいらっしゃるなど、様々な点で困難な場合があるからです。依頼者の同意を得られないとなると、事案を抽象化した上で、依頼者等の利益を害さないか判断して掲載することになります。しかし、どんなに抽象化しても、依頼者本人であれば気づいてしまうことがあります。そうなると、守秘義務違反等として苦情が寄せられることにもなりかねません。かといって、架空の事例を掲載すると、今度は虚偽広告となって規程違反となってしまいます。このように、過去の実例をウェブサイト等広告として掲載することは問題となることが多く、以下に述べることを参考に掲載の可否を検討することが望ましいです。

2　広告規程４条４号の適用について

広告規程4条4号には、広告に記載してはいけない事項として「過去に取り扱い、又は関与した事件。」が定められていますが、これは弁護士及び外国法事務弁護士の守秘義務にかかる事項であり、依頼者の同意なくこれを表示することは、前号と同様に法令に違反する広告に該当し、広告規程3条6号に違反する例であるためです（広告指針第4の5(1))。

もっとも、過去に取り扱った事件又は過去に関与した事件は、受任中の事件に比べ、事件の結論が既に出て評価もある程度固まっていることが多く、誤導等のおそれ（広告規程3条2号、3号）が比較的に低いとも思われるため、**本章Q3**で述べた広告規程4条3号の受任中の事件に比し、広告への記載が許される例外的取り扱いの範囲を拡大し、「広く一般に知られている事件」で「かつ、依頼者の利益を損なうおそれがない場合」にも広告への表示が許されるものと定められました。

例外的取り扱いの場合ですが、まず、依頼者の書面の同意を得た場合は守秘義務違反とならないので、広告として記載することが認められます。

ここで留意すべきなのは、「書面」で同意を取ることです。口頭で同意をとっても例外的取り扱いはありません。また、書面で同意を取る際の内容にも注意し、期間や範囲をできるだけ明確にし、後日の紛争を防止するように努めるべきです。

次に、「広く一般に知られている事件」とは、既に判例集や新聞・雑誌等で依頼者の実名が広く公表されていているなどして、守秘義務違反の生じるおそれが低い場合であり例外的な取り扱いの要件とされています。既に判例集や新聞・雑誌等で依頼者の実名が広く公表されていている場合は、比較的判断がしやすいと思われます。しかし、新聞や雑誌の種類によっては、広く公表されているとまではいえないものも存在します。そこで、この要件に該当するか否かの判断にあたっても、個別具体的な検討が必要とならざるを得ません。

「依頼者が特定されない場合」についても守秘義務違反の生じるおそれ

が低い場合であり例外的な取り扱いの要件とされています。

3　過去の実例を書く際に広告規程４条４号以外に検討すべき点について

広告規程4条4号に抵触しないとしても、事実に合致していない広告であれば広告規程3条1号に抵触するものとして記載が禁じられると考えられます。実例を抽象化する過程で虚偽となることや架空の事案を記載することで広告規程3条1号に抵触する場合が考えられます。

4　ウェブサイト等に過去の実例を掲載することの可否についての検討の仕方

以下の各要素に該当する否かを検討した上で決定することが望ましいと思われます。

⑴　書面で依頼者の同意を得ているか

弁護士には守秘義務があります（弁護士法23条本文、基本規程23条）。そのため、過去に取り扱った事件だからといって弁護士の判断で自由に公表することはできません。そこで、守秘義務に違反しない場合としてどのような場合があるかですが、まず、義務を負う対象者である依頼者の同意を得た場合は守秘義務違反となりません。

同意を取る際に留意すべきなのは、内容にも注意し、期間や範囲をできるだけ明確にし、後日の紛争を防止するように努めるべき点にあります。そして、同意を得た場合には、実際のウェブサイトや広告等の記載の際に、その同意内容から逸脱しないように十分に留意して記載を行うことが必要となります。

⑵　書面で依頼者の同意を得ていない場合

ア　広く一般に知られている事件、または、依頼者が特定されない場合と言えるか

依頼者が特定されないようにするためには、登場人物を匿名にし、事案を抽象化すること等が必要となりますが、どこまで抽象化するかについて

は判断が難しいところです。記事の読み手側に分かりやすく伝えるためには詳細に事例を記載したいところですが、詳細すぎると守秘義務に抵触することになります。例えば、登場人物をイニシャル表示等にするだけでは不十分と思われます。事案の内容を損なわない程度に人数、続柄、性別を変更する等するのも一案です。また、事案が具体的であれば、やはり依頼者を特定されてしまいますので、事案も抽象化して記載することが必要になりますが、事案の抽象化にあたっては、せっかく抽象化したとしても当該事件の本人であれば容易に自分の事件であることに気づくことがありますので、事件の当事者であっても気づかない程度の抽象化が望まれます。

ウェブサイト等記事の読み手側の興味を惹くように書こうと思えば思うほど、依頼者の特定につながる情報を記載することになる可能性が高まると思われますので、そうならないよう十分に留意することが必要です。

イ　依頼者等の利益を損なうおそれがないか

事件内容が明らかになると、依頼者の利益を害することがありますので、広告規程4条4号は、依頼者の利益を害さないようにすることを要件としています。もっとも、事件内容が明らかになれば、依頼者だけでなく他の関係者の利益を害することもあり得ますので、依頼者以外の事件関係者についても、その秘密や利益を害することのないよう配慮することが必要です。

依頼者の利益を損なうおそれがない場合としては、**本章Q3**でも述べた集団訴訟における原告団への加入呼びかけの事例があげられます。

それ以外にも様々なケースが考えられると思いますが、依頼者の利益を損なうおそれがない場合か否かについては、個別具体的に判断することが必要です。

依頼者等の利益を損なうおそれがあるケースとしては、例えば、性犯罪事件で内容を記載すれば被害者等の利益を損なうおそれが生じます。例えば名誉毀損事件で、安易に問題になった文言を記載すると、その文言が引用されて流布されることにより被害者等の利益を損なうおそれが拡大します。また、例えば医療事件で依頼者の医療機関の受診が明らかになれば依頼者の社会的立場や経済的利益を損なうおそれがあります。この他にも様々な利益があり、その利益毎に個別具体的に依頼者の利益を想定しながら利益を損なうおそれがあるか否かの判断をすることが必要です。

ウ　事実に合致しない広告ではないか

実例として表示をする以上は、実際にあった事件を自身が本当に取り扱ったことがあることが必要です。内容が事実に合致していない広告であれば広告規程3条1号に抵触するためです。実例を抽象化する過程で事実に合致しない虚偽の内容になることも考えられますし、実例を抽象化することが難しいからといって、架空の事例を実例のように記載すれば、広告規程3条1号の虚偽広告、すなわち事実に合致していない広告として広告規程に違反することになります。

では、架空であることを隠さず明示した場合でも広告規程3条1号に抵触するかが問題となりますが、基本的に明示すれば同号違反にならないと考えられます。架空事例が問題になるのは、実際に存在しない事件を存在したかのように見せかけることが事実に合致しないからですが、架空であることが明示されていれば、存在しないことは読み手側からみて明らかですので、事実と利用者の認識に齟齬はなくなります。もっとも、架空との明示の仕方がわかりにくければ、やはり問題になり得ます。架空であるとの表示が見えづらい、通常、利用者がそこまで読まないという場所に記載するといった場合は、やはり事実に合致しない広告として広告規程3条1号に抵触する可能性があります。

5　他の考え方について

なお、過去に取り扱った事件を実績等として掲載しようとする際に気をつけるべきこととして、「①守秘義務に反せず、②依頼者やそれ以外の関係者の利益を害さず、さらに③虚偽広告にならないように留意すべき」（深澤諭史『Q&A弁護士業務広告の落とし穴』65頁（第一法規、平成30年）

との見解もあります。広告規程4条4号に該当するケースだけではなく広く実質的な判断を行うものと考えられます。

〈参考文献〉

・深澤諭史『Q&A弁護士業務広告の落とし穴』（第一法規、平成30年）
・日本弁護士連合会　弁護士業務の広告問題ワーキンググループ編集『弁護士広告―業務広告規定の解説』（商事法務研究会、平成12年）
・石本哲敏「広告規制の概要」東京弁護士会『LIBRA』2017年3月号

（林　俊孝）

9 比較広告・品位

Q9 依頼者集客のため、電気量販店のコマーシャルを真似て、「どこよりも安く！他の事務所の見積より高い場合は、安くします！」という広告を予定しています。問題はありますか。

A 弁護士等の業務広告に関する規程が禁じている比較広告、誤導又は誤認のおそれのある広告、事実に合致していない広告、弁護士等の品位又は信用を損なうおそれのある広告に該当する可能性がないのかどうか、慎重に検討するべきであり、全く問題ないとはいえないと考えます。

以上の事項の詳細については、ポイントと解説を参照してください。

ポイント

比較広告、誤導又は誤認のおそれのある広告、事実に合致していない広告、弁護士等の品位又は信用を損なうおそれのある広告に該当する可能性がないのかどうか（広告規程３条１号・２号・５号～７号、広告指針第３）。

解　説

広告規程3条5号では、「特定の弁護士、弁護士法人、外国法事務弁護士若しくは外国法事務弁護士法人又はこれらの事務所と比較した広告」をすることができないとしていわゆる比較広告が禁止され、広告指針第3の6には、同規程による比較広告の例として、「○○事務所より豊富なスタッフ」が挙げられ、また、「○○を宣伝文句にしている事務所とは異なり、当事務所は○○で優れています。」等弁護士等の氏名（職務上の氏名を使用している者については、職務上の氏名を含む。）若しくは名称又は事務所の名称が表示されていない場合であっても、全体的な表現から特定の弁護士等又はこれらの事務所を指しているものと認められるときは、比較広告に該当するものとしています。

設問の事案の場合、「どこよりも」あるいは「他の事務所より」という内容であることから、この記載のみでは、直ちに比較広告には該当しないと思われますが、他の記載内容と相まって全体的な表現として特定の弁護士等又はこれらの事務所を指しているものと認められるときは、比較広告に該当します。

なお、全体的な表現として特定の弁護士等又はこれらの事務所を指していない場合であっても、広告規程3条2号では、「誤導又は誤認のおそれのある広告」ができないものとされており、広告指針第3の3には、誤導又は誤認のおそれのある広告の例として、弁護士報酬についての曖昧かつ不正確な表現が挙げられています。他の法律事務所の報酬よりも特に安いわけでもないのに、このように広告してあたかも著しく安いかのように偽っていると評価される場合には、誤認のおそれありとされる可能性があります。

また、広告規程3条1号では、「事実に合致していない広告」ができないものとされており、事実に合致することの証明責任は、広告をした弁護士等自身にあります（広告規程12条3項、4項）。したがって、「どこよりも安く！他の事務所の見積より高い場合は、安くします！」の文言が問題にされた場合、広告した弁護士等自身が事実に合致することを証明することになりますが、この証明は困難であろうと思います。

さらに、広告規程3条7号では、「弁護士等の品位又は信用を損なうおそれのある広告」ができないものとされており、広告指針第3の1には、「品位を損なうおそれのある広告であるか否かは、弁護士等の立場から判断するのではなく、広告の受け手である国民から見た場合に弁護士等に対する信頼を損なうおそれのある広告であるか否かという視点で判断する」と記載されています。「どこよりも安く！他の事務所の見積より高い場合は、安くします！」の文言が品位を損なうおそれがあるのかどうか、その判断は難しいものと思われますが、このような問題を含んでいるということは意識する必要があるように思います。

（髙橋　秀一）

10 権利侵害となる広告の例

Q10 事務所のウェブサイトで官公庁やその他の団体などのウェブサイト上の情報を記載する場合の注意事項を教えてください。

A 著作権等他の権利者の権利侵害になっていないのかどうか、慎重に確認する必要があります。

以上の事項の詳細については、ポイントと解説を参照してください。

ポイント

著作権等他の権利者の権利侵害になっていないのかどうか（広告規程３条６号、広告指針第３の７）。

解　説

広告規程3条6号では、「法令又は本会若しくは所属弁護士会の会則若しくは会規に違反する広告」をすることができないとされ、広告指針第3の7には、同規程による法令に違反する広告の例として、著作権侵害となる広告を挙げています（広告指針第3の7⑴イ）。

ウェブサイト上の情報を記載する場合には、原則として著作権者から利用許諾を得ておく必要があります。また、官公庁のウェブサイト上の情報等、それ自体、必ずしも個別の利用許諾を得ておく必要がないと思われる情報であった場合でも、当該情報の中には、官公庁以外の第三者が著作権その他の権利を有している場合があり、当該第三者が著作権を有している情報や、当該第三者が著作権以外の権利（例：写真における肖像権、パブリシティ権等）を有している情報については、特に権利処理済であることが明示されているものを除き、当該第三者から利用の許諾を得ておく必要があります。なお、利用許諾を得ている場合、あるいは、その必要がない場合であっても、当該ページのURLを記載する等記載した情報の出典を明示しましょう。また、情報を編集・加工等して利用する場合は、出典とは別に、編集・加工等を行ったことを記載しましょう。

近時、官公庁のウェブサイトには、情報の利用規約を記していることもあり、条項掲載に際しては、利用規約を確認しておくようにしましょう。

（髙橋　秀一）

コラム　「ダメ広告」チェックリスト

ここでは、簡易に、その弁護士業務広告が「ダメ広告」なのかチェックできるチェックリストを作成しましたので、ご活用下さい。もちろん、これはあくまでも簡便性を旨としたチェックリストですので、詳細については関係する規程及び本書各章をご参照下さい。

このチェックリストの内、1は広告規程9条についてのものであり、広告をした弁護士の氏名及び所属弁護士会の表示が必要であることは、弁護士業務広告における基本中の基本、最低限のルールです。

チェックリスト2以降は、弁護士業務広告において問題となった典型的な事例を中心にリストを挙げてあります。勿論、規制される弁護士広告はこれだけではありませんので、個別具体的な事例ごとに、規程、その他の日本弁護士会や所属弁護士会の会規に反していないか、弁護士会広告の内容を検討する必要があります。

規程によって弁護士業務広告には多岐に渡る規制が設けられていますが、弁護士は一般市民から信頼性や品位を期待されており、それが広告規程や広告指針等にも反映されていることの現れであるといえます。

（古在　克子）

リスト			抵触する規程
1	□	広告をしている弁護士の氏名と所属弁護士会（弁護士法人については、法律事務所の名称と法律事務所の所属する弁護士会）のいずれか、或いは両方の記載がない。	広告規程9条
2	□	「1か月間限定！着手金無料サービス」の記載が、2か月以上掲載されている。	広告規程3条2号 誤認広告
3	□	法律事務所のホームページの「借金診断」のアンケートにこたえて、氏名や電話番号を入力すると、希望しない営業電話がかかってくる。	広告規程5条本文
4	□	事務所の名称とは別に、「○○交通事故相談センター」、「○○遺言相続センター」などの表示がある。	広告規程3条6号 法律事務所名称規程違反

リスト			抵触する規程
5	□	知らない弁護士から、法律事務所のパンフレットが郵送されてきたが、その封筒には、「広告」とか「事務所案内」といった広告であることの表示がなかった。	広告規程10条
6	□	「過去の損害賠償事件取扱件数○○件　航空機事故はお任せ下さい。」といった、交通事故の損害賠償事件の件数を損害賠償事件取扱事件数に含めて延べ件数を表示し、あたかも損害賠償事件全般について習熟しているかのような印象を与える表現がある。	広告規程3条2号 誤認広告
7	□	「交通事故で1億3,000万円を獲得しています。あなたも可能です。」といった、他の事件を例として掲げ、その例と同じような結果をもたらすと思わせるような表現がある。	広告規程3条2号 誤認広告
8	□	「割安な報酬で事件を受けます。」といった、弁護士報酬について曖昧かつ不正確な表現がある。	広告規程3条2号 誤認広告
9	□	知らない法律事務所から、会社の顧問を引き受けるとの電話があった。	広告規程5条本文
10	□	○○商法に引っ掛かってお金をだまし取られて困っていたら、知らない弁護士から、「○○商法で被害を被った皆さん、当事務所に依頼すれば、着手金20万円で迅速に被害を回復できます。」という内容の手紙が届いた。	広告規程6条
11	□	困惑させ、又は過度な不安をあおる表現がある。	広告規程3条4号
12	□	特定の弁護士又は法律事務所と比較する表現がある。	広告規程3条5号
13	□	ホームページに「10年以上の豊富な経験があります。」と書いてあったので、その弁護士の所属弁護士会に電話をして、登録してからの年数を聞いたら、嘘だとわかった。	広告規程3条1号 虚偽広告
14	□	ホームページに「24時間365日法律相談対応中」と書いてあったので、午前2時と2時30分に記載された携帯番号に電話したら、いずれも、呼び出し音は鳴ったが、弁護士は出なかった。	広告規程3条3号
15	□	訴訟の勝訴率が記載されている。	広告規程4条1号
16	□	友人のFacebookに、▲▲弁護士法人のホームページがシェアされていて、そこに、「ここの●●先生はすごい。5人の弁護士に相談して全員に勝てないと言われた損害賠償請求訴訟に全面勝訴しました。絶対お薦めです。」との書き込みがあったので、電話をしてみたら、「●●弁護士から頼まれたから書いただけ。依頼なんかしてないよ。」と言われた。	広告規程8条
17	□	弁護士のホームページに5人の「お客様の声」が掲載されていたが、良く調べてみたら、別の▲人の弁護士のホームページにも全く同じ5人の「お客様の声」が記載されており、その内容は句読点の位置や文中の誤変換まで同じだった。	広告規程3条1号 の疑い

コラム　法律事務所ホームページの具体的な参考例

顧客の誘因にあたり、ホームページの活用は効果的な広告戦略です。顧客にとっても、当該弁護士がどのような業務を得意とするのか、どのような来歴かなど、弁護士選択にあたっての情報ツールとして、重要な役割を果たしています。

効果的な広告方法である一方、「広告」（広告規程２条）である以上、同規程の適用を受けるほか、弁護士基本規程にも違反してはいけません。以下、具体的な法律事務所のホームページ例を参照しながら、その注意点を抑え、違反がないようにしましょう。

（川原　奈緒子）

法律事務所ホームページの具体的な参考例

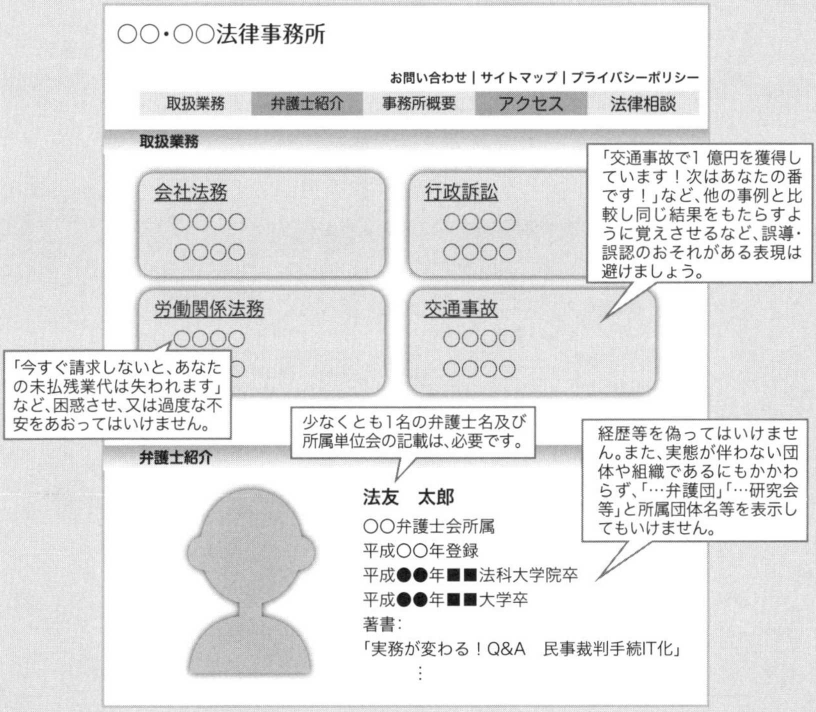

事務所概要

沿革

昭和〇〇年設立
平成〇〇年移転
…

基本的理念

…
…

「●●事務所より、優秀なスタッフ」など、特定の弁護士等又は事務所と比較した広告をしてはいけません。

「当事務所だったら、どんな事件でも即解決できます！」などと、誇大又は過度な期待を抱かせる表現をしてはいけません。

特徴

当事務所は、依頼者皆様の要望に応えられるよう、「迅速・丁寧」な事件対応を心がけています。また、様々な公益的活動にも積極的に参加し、公正な社会の実現のために努力していきます。

アクセス

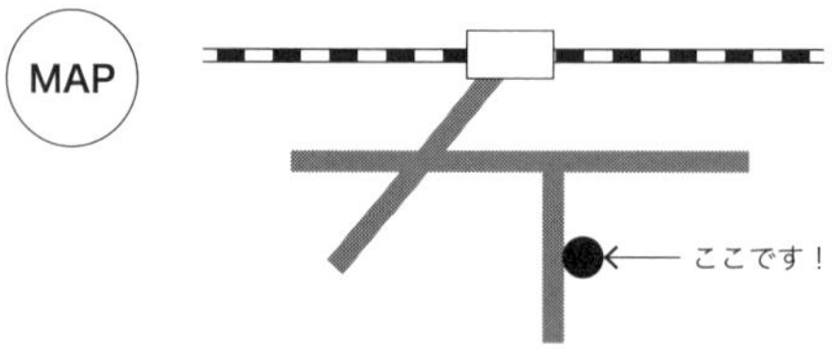

所在地：東京都〇〇区〇〇▲丁目▲番▲号〇〇号
電話：〇〇—〇〇〇〇—〇〇〇〇
FAX：〇〇—〇〇〇〇—〇〇〇〇
最寄駅：東京メトロ〇〇線「■■駅」徒歩×分
JR線「■■」駅徒歩×分

電話や電子メール等により法律事務を受任する場合には、受任する法律事務の表示及び範囲等を掲載しなければなりません。電話や電子メール等により面談相談の予約のみを受け付ける場合には、その旨を明記しましょう。

法律相談

面談による法律相談の申し込みを、以下の方法にて受けつけます。メールや電話での相談の回答は致しません。また、法律相談は有料になります（30分〇〇〇円）。
電話：〇〇—〇〇〇〇—〇〇〇〇
メール：▲▲▲@■■.×××.●●

第3章

攻めの広告
～DM、戸別訪問、電話営業

1 ダイレクトメール（郵便）1—基本

Q1 事務所の営業活動としてダイレクトメールを送りたいと考えていますが、禁止されていますか。また許される場合にはどのような点に気を付ければよいでしょうか。

A ダイレクトメールによる広告自体が禁止されているわけではありません。もっとも、広告であることの明確な表示、ダイレクトメールの送付先の属性及び広告の内容について留意した上でダイレクトメールを送付する必要があります。

ポイント

主に次の３点に留意してダイレクトメールを送付する必要があると考えられます。なお、いわゆるダイレクトメールとは、会規等に明確な定義はありませんが、一般的には特定の個人や法人に対して直接到達する方法で行われる広告を指すものといわれています。

まず、広告の形式面では、

① ダイレクトメールのわかりやすい箇所に広告であることを明示しているかどうか（広告規程１０条）

② 面識のない特定の事件の当事者や利害関係者に当該事件の依頼を勧誘するような広告を行っていないかどうか（広告規程６条）。

また、広告の内容については

③ 広告規程３条・４条の各号に抵触しないような内容になっているかどうか。

なお、弁護士等の広告も不当景品類及び不当表示防止法の適用の対象になり得ますので、同法令に抵触しないようにする必要もありますので注意してください。

解　説

広告規程10条は「弁護士等が、郵便又はこれに準ずる方法により、面識のない者に対し直接配布する広告物については、封筒の外側又は広告物の表側若しくは最初の部分に、広告であることを表示しなければならない。」と規定しています。この趣旨は、面識のない広告対象者に対して広告物を郵送等する場合は、これによって無用な心配をかけ、又はその閲覧を心理的に強制するおそれがあるため、広告であることを表示させることにより、開封しなくとも、外見から広告物であることがわかるようにするためです（広告指針第8の3(1)）。

また、広告の中でも、ダイレクトメールのように宛先を具体的に特定して直接当該宛先に送付する場合について広告規程6条は「弁護士等は、特定の事件の当事者及び利害関係者で面識のない者に対して、郵便その他これらの者を名宛人として直接到達する方法で、当該事件の依頼を勧誘する広告をしてはならない。ただし、公益上の必要があるとして所属弁護士会の承認を得た場合については、この限りでない。」と規定しています。この趣旨は、このような広告が、アンビュランス・チェイサーと呼ばれる者等、窮状に陥っている者に対しその窮状に乗じて事件をあさるという印象を強く持たれるものであり、当該当事者等に不快感を与えるおそれが高いばかりでなく、弁護士等の品位又は信用を損なうおそれが高い（広告指針第5の3）という点にあります。

以下に、特に留意する点について詳述します。

1　広告規程10条「広告であることを表示」するとは？

広告であることの表示とは、「「広告」、「事務所報在中」、「事務所案内在中」等一見して弁護士等の広告であることがわかるようなものとし、封筒である場合にあってはその外側、封筒以外のものである場合にあってはその表側又は冒頭部分に行う等、わかりやすい箇所に行わなければならない」（広告指針第8の3(2)）と定められています。

そのため、封筒の外側には事務所・弁護士名のみが記載され、封筒を開けなければ広告であることがわからない場合や、封筒の端の部分や裏面等にごく小さな文字で広告であることを印字することや、多くの印字の中に広告であることの表示が紛れており他の記載との判別がつきにくいなどの、一見して広告であることがわからない表示を行うことは指針に反する可能性がありますので注意が必要です。また、封筒以外のものによる広告である場合は、手に取った際に一見して広告であることがわかるように、表側若しくは冒頭部分に記載することが必要です。

なお、「暑中見舞い、年賀状等の時候の挨拶状について　暑中見舞い、年賀状等の時候の挨拶状は、面識のない者に対して配布する場合には、その内容、態様、方法等により顧客誘因が主たる目的とは認められない場合を除き、広告に該当するおそれが高いことに注意しなければならない。」（広告指針第8の3(3)）とも規定されていますので、何気なく出している挨拶状においても、その体裁や文面に十分に注意しながら対応する必要があるといえます。

2　広告規程6条「特定の事件」とは？

特定の事件とは「特定の人について具体的に発生している法律問題をいい、紛争事件に限らないものとし、「勧誘広告」とは、特定の人に事件の依頼を働きかける広告をいう。」（広告指針第5の4）とされています。

そのため、現在では紛争になっていない段階ではあっても、報道等により今後紛争性を帯びる可能性が高い事件については含まれる可能性があることになります。

この点、「特定の事件」該当性の判断は、「具体的ケースにおいて、広告内容、配布先、配布時期等の事情を総合的に判断して決定され」ます（日

本弁護士連合会弁護士業務の広告問題ワーキング・グループ編『弁護士広告　業務広告規定の解説』63頁（商事法務研究会、平成12年）以下、「弁護士広告解説」といいます。）。「広告の内容が特定の事件を明示している場合は、その内容から直ちに特定の事件の勧誘広告と判断され」ますが、「広告内容から直ちに判断できない場合においても、当該広告が配布された先が特定の事件の関係者に限定されているとき又は特定の事件と近接した時期に特定の事件の関係者の（居住）地域において行われる場合は、特定の事件の勧誘広告と判断される」（以上、「弁護士広告解説」63頁）可能性があることには注意が必要です。

前掲の「弁護士広告解説」63頁には、大きな事故が発生して被害者がいる事案で、「一定の企業又は一定の地域（町村）に集中している場合などにおいて、事故後ほどなく当該企業の社員全員又は当該町村の住民全部に「事故による損害賠償事件のご依頼は当弁護士まで」という趣旨の勧誘書面を送付する行為」も、「広告の時期及び配布範囲との関係で、当該事故の名称が記載されていない場合で」あっても特定の事件の勧誘広告と判断される可能性があるという事例が挙げられています。

3　ダイレクトメールの内容に関する留意点

上記についてはダイレクトメールの外観やその宛先について記載しましたが、ダイレクトメールの内容についても一定の規制がされています。具体的には広告規程3条各号及び4条各号に規定する場合をいいます。

広告規程3条においては弁護士の品位や信用を損なうおそれがあるものとして、事実に合致していない広告、誤導又は誤認のおそれのある広告、特定の弁護士や弁護士事務所と比較した広告等が禁止されています。

なお、広告指針第3には、各号に関する豊富な具体例が定められていますので、広告を作成する際には一読するとよいでしょう。

加えて、広告規程3条の典型例を具体化したものとして、特定の事項を広告に表示してはいけないこととなっています（広告規程4条）。具体的には、訴訟の勝敗率、承諾なく顧問先又は依頼者を表示すること、承諾なく受任中の事件を表示すること（ただし、依頼者の承諾や依頼者の利益を損なうおそれがない場合は除く）等が列記されています。なお、広告規程4条は、すでに述べたとおり広告規程3条の具体化ですので、広告規程4条に該当しない場合であっても広告規程3条各号に該当して禁止される場合があることに注意しなければなりません（広告指針第4の1(1)）。

（倉田　就介）

❷ ダイレクトメール（郵便）2―事務所報

Q2 事務所では、定期的に事務所報を発行して、依頼者や弁護士に郵送しています。裁判例の動向や法律の問題点を指摘する内容で、おしゃれな感じを出すためにタイトルを「薫風」とし、敢えて事務所報であることをうたっていません。問題はありますか。

A 広告規程10条（広告であることの表示）は、「弁護士等が、郵便又はこれに準ずる方法により、面識のない者に対し直接配布する広告物については、封筒の外側又は広告物の表側若しくは最初の部分に、広告であることを表示しなければならない。」と定めています。

そのため、ご質問の敢えて事務所報であることを記載しないということは、同条に違反するものと考えられます。

ポイント

事務所報等のダイレクトメールを送付する場合には、当該郵送物が広告であるということが、封筒又は内容物に記載されていなければなりません。具体的には、封筒に「事務所報」「事務所報在中」と記載したり、封筒以外の場合には、見出しや冒頭の部分に「広告」と記載することが必要です。

解　説

1　趣　旨

広告規程10条が、郵便又はこれに準ずる方法により、面識のない者に対し直接配布する広告物について、これが広告であることを表示するよう義務付けた趣旨は、面識のない広告対象者が広告物の郵送等を受けた場合には、受領によって不安感を覚えたり、閲覧を心理的に強制されるおそれが存するためです。広告物に広告であることを明示させることにより、開封しなくても、外見から広告物であると判断されることによって、かかる弊害を防止することができます。

2 表示方法

広告であることの表示について、弁護士等の業務広告に関する規程10条は「広告であること」がわかる記載を行うよう定めています。広告物の受領者が、一見して広告とわかる表示である必要がありますので、封筒である場合にはその外側に、封筒以外のものである場合には、その表側や冒頭部分に記載することを要します。

また、「お知らせ」「ご連絡」等の文言は、弁護士等からの通知書と解釈される余地もあり、受領者が不安感を催したり、開封・閲覧を心理的に強制するおそれがありますので、避けるべきです。一見して広告とわかるようにするため、「広告」「事務所報」「事務所報在中」等が望ましいといえます。

3 時候の挨拶状

年賀状や暑中お見舞い等、時候の挨拶状を配布することがあります。これらの挨拶状も、面識のない者に対して送付する場合には、内容、態様、方法等により、顧客の誘因が主たる目的と認められない場合を除いて、広告に該当するおそれが高いといえます。

（川原　奈緒子）

3 ダイレクトメール（郵便）3―顧客名簿

Q3 弁護士向け顧客開拓コンサルの人に、「消費者金融会社を退職した人が、顧客台帳を持っています。この人が設立した会社と業務提携し、その台帳を利用して債務者にダイレクトメールを送り、債務整理や過払い金請求の営業をすれば、効率よく集客できます。」といわれました。この話に乗ってよいものでしょうか。

A 広告規程6条により、行うことはできません。

ポイント

① **弁護士委任契約の不招請勧誘《ふしょうせいかんゆう》**

② **個人情報の不正利用**

③ **「特定の事件」**

④ **広告規程6条ただし書が適用される可能性はあるか。**

解　説

1　不招請勧誘

質問では、「営業をする」という言葉が使われていますが、弁護士が債務整理や過払い金回収を申し込むよう一般の消費者に働きかけるのは、委任契約の申込みの意思形成に影響を与える行為であり、「勧誘」に該当します。単にパンフレット、チラシを送付するだけでも、消費者の契約締結の意思決定に影響を与えるものであることから、勧誘に当たるとするのが有力な見解です（日本弁護士連合会消費者問題対策委員会『コンメンタール消費者契約法〔第2版増補版〕補巻』69頁（商事法務、2019年））。

消費者から勧誘してほしいとの要請がないにもかかわらず、事業者の側から一方的に勧誘をすることを「不招請勧誘《ふしょうせいかんゆう》」といいます。ダイレクトメールの送付も、希望しない人に突然送りつけるのは、不招請勧誘の一種に該当します。

不招請勧誘は訪問販売や電話勧誘販売などでは迷惑勧誘の一種と考えられ、条例などで一定の規制が設けられています。また、商品先物取引ではほとんどの個人顧客に対する不招請勧誘は禁止されています。

不招請勧誘が禁止される理由は、消費者の私生活の平穏を乱すと同時に、消費者が契約締結の必要性・妥当性等について十分検討する暇を与えられずに、事業者主導で契約締結の意思を固めさせられるところにあります。

本件のような専門性の高い弁護士への委任契約について、弁護士と消費者という、情報量やその分析力、交渉力に著しい格差のある当事者間で、弁護士が主導して消費者の自身への委任の意思を固めさせるのは、公正さを欠くのはもちろん、他の選択肢検討の機会が奪われる結果、不適正な状況を招きかねません。

そのため、弁護士による消費者への不招請勧誘は認められず、多くの場合、品位を欠く行為に当たるため、原則禁じられていると考えられます。

2　持ち出された顧客名簿の利用

本件では、ダイレクトメールを、第三者が持っている消費者金融の顧客名簿に基づき送付することが提案されています。

「消費者金融の顧客名簿」とは、当該消費者金融が自社の営業を行うために作られた記録であり、顧客となった個人の氏名、生年月日など個人情報の集積されたものです。当該消費者金融業者は、その個人情報を特定の利用目的のために、当該個人の同意を得た範囲で利用することが義務付けられており、日頃から適正に取り扱わなければならないとされています。また、第三者への提供は一定の場合以外禁じられています。

そうしますと、なぜ消費者金融の顧客名簿が、第三者によって保管されているのかが問題となります。かなりの確率で不正に持ち出された可能性が考えられます。

個人情報の漏洩、不正持出しは、民法709条の不法行為（プライバシー侵害）を構成すると理解されています（最判平成29年10月23日判時2351号7頁）。そうすると、不正に持ち出された可能性の高い個人情報を利用する行為もまた、不法行為を構成する可能性が高いといえそうです。場合によっては損害賠償の請求を受ける可能性も考慮しなければなりません。

3 「特定の事件」とは

広告規程6条は「特定の事件の当事者及び利害関係人」に事件の勧誘をすることを禁じています。本件では、消費者金融の顧客名簿に載っている人にダイレクトメールを送って勧誘しようとしています。顧客名簿に名前が載っているだけで、「特定の事件の当事者」「利害関係人」といえるのかは、一応問題になるかも知れません。

確かに、消費者金融の顧客名簿に名前が載っているだけでは、まだ何かの事件の当事者になったわけでも、利害関係人になったわけでもありません。

しかし、金利の高い無担保ローンである消費者金融からの借入れがある人の中には、一般の人に比べてかなり高い確率で借金苦にあえいでいる人が混じっている可能性があります。その意味で、一般の人の集団に比して、債務整理の必要性が高い人がいる可能性があります。

また、過払い金も、長年消費者金融を利用し続けた結果発生するものですから、顧客名簿に名前が載っている人の方が過払い金を持っている可能性が高いといえます。

そうすると、消費者金融の顧客名簿に記載されている人に勧誘のダイレクトメールを出すということは、債務整理や過払い金回収などの特定の事件受任を目指し、勧誘をしているものと考えられます。

4 ただし書の適用

広告規程6条ただし書は、弁護士が特定事件の当事者にダイレクトメールなどで事件委任の勧誘をすることを、「公益上の必要があるとして弁護士会の承諾を得た場合には」例外的に許容しています。

本件のような事例でも、このただし書によって例外的に許諾されることがあるのでしょうか。

ここにいう「公益上の必要」は、当然のことながら弁護士個人の利益を考えてはいません。弁護士を依頼する必要性、緊急性、他の弁護士に依頼する機会の有無など、主に消費者の側の事情を中心に考慮して判断されることになるはずです。

そうしますと、本件でこのただし書が適用される可能性はほぼない、と考えられます。

（大迫　恵美子）

4 電子メールによる広告

Q4 出身学校の同窓会名簿に記載された電子メールアドレスに、「遺産分割・離婚・債務整理・債権回収が得意な弁護士です。気軽に相談してください。」と記載した電子メールを一斉送信して、顧客開拓をしようと思いますが、問題はありますか。

A ① 同窓会名簿記載の送信先に面識のない者が含まれている場合には、当該者が電子メールの一斉送信による広告について事前に承諾していない場合、当該広告は禁止されています。

② 広告に得意分野を記載することについては、「広告規程」その他の会則等において明文上の制限はなく、「広告指針」においても、広告規程3条2号及び3号には違反しないものとされています。

ポイント

電子メールの一斉送信をする場合には、主に次の３点に留意する必要があります。

① 電子メールの送信先には、面識のない者を含んでいるかどうか

② 面識のない者については事前に承諾を得ているかどうか

（以上、広告規程５条２項）

③ 内容面では、誤導・誤認のおそれがなく、誇大又は過度の期待を抱かせるものと思われないものとなっているかどうか

解　説

広告規程5条2項は「弁護士等は、面識のない者に対し、その者の承諾を得ないで、電子メールによる広告をしてはならない」と規定しています。このような広告が禁止されている趣旨は、このような広告の内容が弁護士

等に関する一般的な情報の提供であったとしても、弁護士等が言葉巧みに勧誘すれば利用者が十分な考慮をする機会がないまま依頼することになるおそれがあることや、面識のない弁護士等から電子メールでの連絡を受けること自体が相手方に奇異な感情や不快感を生じさせることが多いと認められる（広告指針第5の1(1)（広告規程5条1項について）参照。なお、広告規程5条2項の趣旨は同条1項の趣旨と同様としています。）ものであり、弁護士等の品位及び信用を害するものとして、広告規程3条7号に違反するものであるからというところにあります。なお、本条項は特定商取引に関する法律12条の3の規定の趣旨を敷衍したものです。

また、広告に得意分野を記載することは広告指針において禁じられていませんが、過度の期待を抱かせたり、顧客又は依頼者の判断を誤らせるような表現にならないよう注意する必要があります。

以下に、特に留意する点と発展的な問題について詳述します。

1 「面識のない者」とは

広告規程5条1項本文括弧書きでは「面識のない者」の定義として「現在及び過去の依頼者、友人、親族並びにこれらに準じる者以外の者をいう」としています。「友人…に準じる者」は面識のない者とはいえないとしており、同規定の適用を除外する場合をやや広く定めています。

それゆえ、少なくとも顔見知り程度であれば、「面識のない者」には当たらないといえます。また、名刺交換をした相手の場合、名刺交換をするということは、交換相手から名刺に記載した連絡先に連絡が入ることを黙示的に承諾しているものと考えられますので、この場合も「面識のない者」には当たらないといえます。

一方、面識のある者と面識のない者が区別できず、かつメールの受信者が常時変動するようなグループメール（例えば、「○○小学校卒業生連絡メール」や「○○同好会」といった特定の個人に結びついていないメールアドレスが典型的でしょう。）のようなメールアドレスへの電子メールの送信は広告規程5条2項に違反する可能性が高いと考えられます。

2　例外的に認められる事由があるか

広告規程5条1項はただし書において一定の例外を認めていますが、同条2項にはただし書がありません。この場合同条2項にも同条1項ただし書の準用があるでしょうか。

同条2項は、そもそも事前の承諾のない者への電子メールの送信を前提としています。とすれば、同条1項1号及び2号の請求がないことが当然の前提となっていること、事前の承諾がない広告である以上、公益上の必要があるとして所属弁護士会の承認を得ていることは考えにくく同条1項3号の適用の前提を欠くことから、同条1項ただし書の準用はないといえるのではないでしょうか。

3　「●●が得意」と広告することについて

法律相談の予約の際に「先生のご専門は何ですか?」とか、「先生はこういった事案・分野は得意ですか?」といったものがあります。こうした実情に鑑みると、広告戦略としては利用者のニーズに沿った弁護士であることをアピールするために「●●が得意」といった文言を付けることは効果的と考えられます。

この点、専門分野の表示について広告指針第3の12(1)は「客観性が担保されないまま専門家、専門分野等の表示を許すことは、誤導のおそれがあり、国民の利益を害し、ひいては弁護士等に対する国民の信頼を損なうおそれがあるものであり、表示を控えるのが望ましい。」と消極的に規定しています。

一方で、得意分野の表示について広告指針第3の12(2)は「その表現から判断して弁護士等の主観的評価にすぎないことが明らかであり、国民もそのように受け取るものと考えられる」として、広告規程3条2号又は3号には違反しないものと規定しています。

このように、広告に得意分野を記載することは禁じられていません。もっとも、「得意分野」の記載であっても、顧客又は依頼者に対して当該弁護士が特定の事件について能力的に優れているといった印象を与える場合がありますので、客観性を担保できるような事情があるかどうか（例えば、著名な実績、経験年数や経験事件数等）を踏まえた上で、誤導・誤認のおそれや、誇大又は過度の期待を抱かせる表現となっていないかを注意すべきと考えます。

4　電子メール以外の方法による広告は可能か

本項では、電子メールの一斉送信による広告について述べてきました。しかし、現在では一斉送信による広告の方法は必ずしも電子メールに限りません。例えば、いわゆる「SNS」（ソーシャルネットワーキングサービス）を通じての一斉送信による広告を行うことも考えられます。例えば、「○○小学校卒業生アカウント」というようなグループを作成して、登録している方全員に対して広告を一斉発信するような場合が考えられます。広告規程5条2項には「電子メール」という文言しかありませんが、同項の適用ないし準用はあるのでしょうか。

前述したように、同項の趣旨が、面識のない者が弁護士の言葉巧みな勧誘により依頼してしまうことや不快感を抱くことが弁護士等の品位及び信用を害するものであるところにあるとすると、SNSは登録者が把握しきれないために、必ずしも広告の配信先が全て面識のある者とも言い切れないことから、筆者はこの趣旨がSNSを用いた一斉広告の場合にも妥当しうると考えています。そのため、広告規程5条を意識して対応する必要があると考えます。

（倉田　就介）

5 電話営業（アウトバウンド・セールス）

Q5 広告業者から、「『債務整理診断』、『過払い金診断』といったウェブサイト（ウェブ広告）を作成し、当該ウェブサイトの閲覧者のうち、氏名・電話番号欄に自己の情報を記入してきた方に対し電話営業をすることが効果的です。当社が用意する営業専門のコールセンターがあるので、電話対応の手間もかかりません。」と勧められました。このような誘いに応じてもよいものでしょうか。

A 本Q記載の広告業者の誘いに応じることは避けた方がよいでしょう。

ポイント

上記ウェブサイトの閲覧者のうち、氏名・電話番号欄に自己の情報を記入してきた方に対して弁護士等（弁護士又は弁護士法人）が電話営業を行うことは、「弁護士等は、面識のない者」「に対し、訪問又は電話による広告をしてはならない」とする広告規程５条１項本文に違反するため、広告業者の誘いに応じることは避けた方がよいでしょう。

また、このような広告業者と契約を締結することは、非弁提携のきっかけとなり得ますので、この観点からも広告業者の誘いに応じることは避けた方がよいでしょう。

解　説

1　電話広告の禁止規程及び同規程の適用関係

(1)　電話広告の禁止規程

広告規程5条1項本文では、「弁護士等は、面識のない者（現在及び過去の依頼者、友人、親族並びにこれらに準じる者以外の者をいう。以下同じ）

に対し、訪問又は電話による広告をしてはならない」とされています。

また、同項ただし書では、下記のいずれかに当たる場合には、例外的に、面識のない者に、訪問又は電話による広告ができるとされています。

一　法律事務の依頼を希望する者から請求があった場合

二　刑事事件又は少年事件について、本人以外の弁護人選任権又は付添人選任権を有する者から請求があった場合

三　公益上の必要があるとして所属弁護士会の承認を得た場合

(2) 電話広告の禁止規定の適用関係

上記ウェブサイトの閲覧者のうち、氏名・電話番号欄に自己の情報を記入してきた方に対して、弁護士等が電話営業を行うことは、端的に「面識のない者に対し」「電話による広告」をすることに該当しますので、広告規程5条1項本文に抵触し、避けるべき行為といえます。

なぜなら、上記ウェブサイトの閲覧者が、氏名・電話番号欄に自己の情報を記入してきたというだけでは、当該閲覧者が「弁護士等」と「面識のない者」ではないということはできませんし、例外である「法律事務の依頼を希望する者から請求があった場合」（上記一号）に該当するということもできないからです。

2　電話広告の禁止規定の趣旨

広告規程5条1項本文が面識のない者に対する訪問又は電話による広告を禁止している理由は、

①　当該広告の内容が弁護士等に関する一般的な情報の提供であったとしても、弁護士等が言葉巧みに勧誘すれば利用者が十分な考慮をする機会がないまま依頼することになるおそれがあり、

②　面識のない弁護士等から直接訪問や電話を受けること自体が相手方に奇異な感情や不快感を生じさせることが多いと認められることから、

弁護士等の品位及び信用を害する行為と考えられることにあります（広

告指針第5の1(1))。

それゆえ、上記ウェブサイトの閲覧者のうち、氏名・電話番号欄に自己の情報を記入してきた方に対して、弁護士等が電話営業を行うことは避けるべき行為といえます。

3 非弁提携のおそれ

(1) 総　論

本Q記載の事項を勧める広告業者と契約を締結することは、非弁提携のきっかけとなり得ます。

(2) 非弁提携の禁止規定

弁護士又は弁護士法人でない者は、報酬を得る目的で訴訟事件、非訟事件及び審査請求、再調査の請求、再審査請求等行政庁に対する不服申立事件その他一般の法律事件に関して鑑定、代理、仲裁若しくは和解その他の法律事務を取り扱い、又はこれらの周旋をすることを業とすることができません（ただし、弁護士法又は他の法律に特段の定めがある場合は、この限りではありません。）（弁護士法72条）。このように、弁護士法上禁止されている行為を「非弁行為」といいます。

そして、弁護士がこのような非弁行為を行う者と結託することで非弁活動が助長されることを防ぐため、弁護士法上、弁護士や弁護士法人が、非弁活動を行う者から事件の周旋を受け、又はこれらの者に自己の名義を利用させることが禁止されています（同法27条）（非弁提携の禁止）。

(3) 非弁提携の禁止規定の適用関係

本Q記載の事項を勧める広告業者との契約については、契約内容に、広告業者が用意したコールセンターのオペレーターが、顧客からの問い合わせに対応するというものが含まれていると考えられます。

上記オペレーターを含め、事務職員等自らの職務に関与させた者に対する指導監督は弁護士の義務であり（基本規程19条）、顧客から弁護士と直接話したい等の要望が寄せられた場合、これに迅速に対応できる体制が整備されていなければ、名義貸しによる非弁提携（同法27条）と判断されるおそれがあります。

また、仮に、上記オペレーターが、顧客から予備的な事情聴取をして記録し、弁護士による相談の予約又は弁護士に電話をかわる等の対応をするのではなく、顧客から詳細な事実関係の聴取をして、案件を受任できるか否かの判断までを行い、受任できると考えたものについてのみ弁護士との相談をセッティングするとすれば、名義貸しによる非弁提携（同法27条）と判断される可能性が高いと考えられます。

以上から、本Q記載の事項を勧める広告業者と契約を締結することは、非弁提携のきっかけとなり得るため、この観点からも広告業者の誘いに応じることは避けた方がよいでしょう。

（尾形　達彦）

6 広告記事

Q6 ① メディアと称して弁護士のインタビュー記事を載せたいという電話がかかってきます。これも実質的には弁護士業務広告の勧誘ではないのでしょうか。このようなインタビューに応じることには何か問題がありますか。

② 出版社から、有料で弁護士ランキングの記事を掲載する企画があるとの営業電話がありました。注意すべきことは何ですか。

A ① インタビュー記事は、その執筆をメディアが行うものであっても、弁護士等の業務に関して行う情報の伝達又は表示行為に該当し得ることから、弁護士等が自ら行うことと同視されることになります。そのため、インタビューに応じた弁護士等は、インタビュー記事の内容に誤りがないように正確な情報提供をするとともに、メディアが規程に抵触する行為がないように、指導をしなければなりません。

② 弁護士ランキングは、特定の弁護士等の優劣を論じるものに該当します。弁護士ランキングを作成する出版社の行為は、「特定の弁護士、弁護士法人、外国法事務弁護士若しくは外国法律事務弁護士法人又はこれらの事務所と比較した広告」に該当する可能性が高いため、弁護士等はこれに協力すべきではありません。また、有料、無料を問わず出版社の要請に応じるべきではありません。

ポイント

① **第三者の行為が抵触行為に該当するおそれはないか（広告規程８条）**

② **特定の弁護士等の優劣を論じる記載があるものか（広告指針第７）**

解　説

1　第三者の抵触行為に対する協力の禁止

⑴　規程の趣旨

弁護士及び弁護士法人（以下「弁護士等」といいます。）は、第三者が弁護士等の業務に関して行う情報の伝達又は表示行為で規程に抵触するものに対し、協力することが禁止されています（広告規程8条）。その趣旨は、弁護士等の業務に関する情報の伝達又は表示行為は、それが第三者によるものであっても、弁護士等が自ら行うことと同視し得るからです（広告指針第7の1）。

⑵　インタビュー記事の性質

インタビュー記事は取材を受けた弁護士の名前が公表されるのが通常です。メディアがインタビュー記事の掲載を勧誘したとしても、インタビュー記事自体が、弁護士等が自ら行う情報の伝達又は表示行為と同視し得ますし、弁護士等の情報発信そのものとみることができます。そのため、勧誘を受けた弁護士等は、メディアに対して法的知識について正確な情報提供をすることはもとより、第三者であるメディアによるインタビュー記事の内容が規程に抵触しないよう指導することも必要となってきます。また、広告規程8条による協力の方法には限定はないため、インタビューに応じることも協力に該当します（広告指針第7の3、5）。

⑶　禁止、表示できない内容

インタビュー記事掲載に当たって、弁護士等はメディアに対し、主として広告規程3条及び4条に抵触することのないように指導する必要があります。すなわち、①事実に合致しない、②誤導又は誤認のおそれ、③誇大又は過度な期待を抱かせる、④困惑させ、又は過度な不安をあおる、⑤特定の弁護士等との比較、⑥法令や弁護士会の会則などに違反する、⑦弁護士等の品位又は信用を損なうおそれがある記事が掲載されないようにしなければなりません（広告規程3条参照）。また、⑧訴訟の勝訴率、⑨顧問先又は依頼者、⑩受任中の事件、⑪過去に取り扱い、又は関与した事件は、依頼者の同意など一定の場合を除いて掲載できないため、特段の配慮が必要となります（広告規程4条参照）。当然のことながら、弁護士等がインタビューに応じる際には、これらに該当するような発言をしないよう細心の注意を払わなければなりません。これらの具体的内容については該当の設問を参照してください。

メディアが弁護士等による指導に応じない場合には、弁護士等の業務に関して行う情報の伝達又は表示行為が規程に抵触するおそれがあるため、弁護士等はインタビューに協力するべきではありません。インタビューに応じた後に、メディアが規程に抵触しないように、インタビュー記事の内容を改めようとしない場合には、当該インタビュー記事が掲載されないような措置を講じることも必要となります。書面などにより、インタビュー記事を掲載しないように求める意思を示すことが考えられます。

⑷　弁護士等の表示

弁護士は、広告規程2条の定める広告に氏名及び所属弁護士会を表示しなければなりません（広告規程9条1項）。また、弁護士法人も同様に名称、主たる法律事務所の名称又は広告に係る従たる法律事務所の名称、所属弁護士会を表示しなければなりません（同条2項）。そのため、インタビュー記事を掲載する場合にも、当該記事にこれらが表示されるように指導することが必要となります。なお、所属弁護士会を表示させるのは、広告の利用者が、広告の内容の不適切な点について、弁護士会へ問い合わせることで被害の発生を未然に防止する手がかりとするためです（広告指針第8の1⑵）。

2　特定の弁護士等の優劣を論じる記載

⑴　弁護士ランキングの記事

広告規程3条5号は、「特定の弁護士、弁護士法人、外国法事務弁護士若しくは外国法事務弁護士法人又はこれらの事務所と比較した広告」を禁止するものです。特定の弁護士を引き合いに出して、自身の方が優秀である旨を表示することは、弁護士の品位を損なうものと考えられるため、これを禁止して弁護士の品位を保持することを趣旨としています（広告指針第3の1参照）。

設問の弁護士ランキングは、出版社による弁護士同士の比較が行われた結果として順位付けがなされるものですが、出版社が独自に行うものであって、その作成に弁護士等が関与しないものである限り、広告規程3条5号が問題になるものではありません。もっとも、出版社が独自に記事を作成するためには、出版社がすべての弁護士の業務を把握している必要がありますが、そのようなことはおよそ考え難いため、弁護士等が何らかの形で関与していると考えた方が自然です。

では、弁護士ランキングに弁護士等が何らかの形で関与した場合にはどのように考えるべきでしょうか。

(2) 金銭その他の利益の供与

広告規程8条は、第三者の抵触行為に対する協力禁止を定めています。有料で記事を掲載するものは、第三者が行う規程に抵触する情報の伝達及び表示行為を援助、助長するためのものなので、広告規程8条に定める「金銭その他の利益を供与」に該当します（広告指針第7の4）。

出版社が弁護士等の関与なく、独自に弁護士ランキングを作成したとしても、出版社に規程の適用があるわけではありません。しかし、弁護士ランキング自体は、広告規程3条5号の内容そのものであって、広告規程8条は第三者が規程に抵触する行為の協力を禁止していることから、弁護士等が有料で弁護士ランキングへの掲載を了承することは、結果として、弁護士等自身が広告規程3条5号に反することにもなります。そのため、弁護士等がこのような営業電話を受けたりした場合には、その要請を拒否すべきです。

(3) 協　力

仮に有料ではなく、単に弁護士ランキングへの掲載の承諾を求めるものであった場合にはどのように考えるべきでしょうか。無料であれば「金銭その他の利益の供与」には当たりません。

広告規程8条の「協力」には、例として、原稿の提供、アンケートへの回答、インタビューへの応答、出版パーティへの参加などが挙げられますが（広告指針第7の5）、そもそも協力の方法に限定はないため、弁護士ランキングへの記載を承諾することも「協力」に該当することになります（広告指針第7の3）。そのため、掲載の承諾をすることは、出版社が広告規程3条5号に抵触する行為に「協力」することになります。すなわち、出版社は掲載の承諾を得た弁護士に対して優劣をつけるわけですから、他の弁護士等と比較することになるのであって、広告規程3条5号に抵触する行為に該当します。

したがって、たとえ無料で弁護士等の氏名や名称が掲載されることの承諾を求められた場合であっても、それが弁護士等を比較して優劣をつけるものである限り、出版社からの営業に応じてはなりません。

⑷ 営業電話に対する対応

設問のような営業電話を受けた際には、協力せずに要請自体を拒絶すべきですが、弁護士ランキング記事の作成を断念するよう勧めることも考えられます。ランキングの上位に置かれた弁護士はともかく、ランキングの下位に置かれた弁護士については、その者の信頼を損なうことにもなり、ひいては国民の弁護士等に対する信頼を維持することも困難になると考えられるからです。営業電話を受けただけでは、直ちに規程違反になるものではありませんが、弁護士等としては、弁護士等の品位を保持するため、営業電話に対して、適切な応答をすることが期待されます。

（吉直　達法）

7 弁護士紹介サイト

Q7 インターネットには、弁護士紹介サイトがたくさんありますが、非弁提携が疑われるものもあると聞いています。どのようなサイトなら大丈夫なのでしょうか。

A 大丈夫なサイトの要件として典型的なものを列挙すると、次のようになります。

1　提供される弁護士情報が、あらかじめ明示された客観的な検索条件に基づいていること。

ウェブサイト指針3(2)ア。「おすすめ弁護士ランキング」といった記事で、どのような弁護士が上位に記載されるかの記載がない場合で、おすすめランキングの上位に記載され王冠マークなどが付されている弁護士が、広告業者に対する支払金額の多寡によって決まっているようなものは、非弁提携の要件である周旋と疑うに足りる相当な理由があります。

2　弁護士選定に当たり、広告業者がサイトの閲覧者や弁護士と連絡をとっていないこと。

広告業者が閲覧者に対して連絡をし、特定の弁護士を推奨したり、委任を働きかけたりする行為は、非弁提携の要件である周旋と疑うに足りる相当な理由があります（ウェブサイト指針3(2)イ(イ)）。

3　広告掲載料等が、事件数や報酬額に応じて算定されないこと。

広告料が紹介を受けた事件数や弁護士報酬額に応じて算定される場合は、非弁提携の要件である報酬目的があると疑うに足りる相当の理由があります（ウェブサイト指針3(3)ア(ウ)）。

4　広告業者が、弁護士または依頼者を紹介する旨表示して、閲覧者や掲載弁護士を募っていないこと。

弁護士に依頼者を紹介する旨（その逆も）表示している場合は、非弁提携の要件である周旋と疑うに足りる相当の理由があるとされています（ウェブサイト指針3(2)エ）。

5　広告業者と弁護士が、契約上も実質上も弁護士報酬を分配していないこと。

広告業者と弁護士が、弁護士報酬を分配することは、報酬分配禁止規定（ウェブサイト指針4(1)、基本規程12条）に違反します。また、弁護士が広告業者に対し、依頼者紹介の対価を支払うことも禁止（ウェブサイト指針4(2)、基本規程13条1項）されています。ウェブサイト指針では、報酬分配の禁止をさらに進め、名目上、手数料や調査料という名目で実質的に報酬分配をしたり、紹介料を支払うといった脱法行為も禁止しています。

ポイント

1　弁護士紹介サイトの利用に関する日弁連による規制は、平成30年3月18日に施行されたウェブサイト指針により、かなりわかりやすくなりました（https://www.nichibenren.or.jp/library/ja/jfba_info/rules/pdf/kaiki/kaiki_no_70_02.pdf）。

2　弁護士紹介サイトの利用に当たっては、犯罪としての非弁提携（弁護士は弁護士法27条、非弁業者は弁護士法72条）との関係が問題となる場合が多いのですが、広告会社は弁護士法72条違反で刑事処分を受けない場合にも、弁護士の方は、基本規程11条から13条の規定により、以下のように懲戒処分を受ける場合があるので注意が必要です。その趣旨は、非弁提携防止の趣旨徹底のため、禁止の対象が拡大されていることによります。

(1)　基本規程11条（非弁業者のみならず、非弁業者と疑うに足りる相当の理由のあるものから依頼者の紹介を受けることの禁止）

①　広告会社が非弁業者に該当しない場合であっても、弁護士の方は、懲戒処分の対象となる場合があります。

② 「事件の紹介」のみならず「依頼者の紹介」も禁止の対象となりますから、事件とは無関係に顧問先の紹介を受けた場合であっても、懲戒処分の対象となります。

⑵ 基本規程12条（弁護士でないものとの報酬分配の制限）
広告業者が非弁業者でない場合でも、報酬分配をしているとみられれば、弁護士は懲戒対象になり得ます。

⑶ 基本規程13条（依頼者紹介の対価支払い禁止）
広告会社が非弁業者でない場合でも、依頼者紹介の対価授受があれば、弁護士は懲戒対象になり得ます。

解　説

1　弁護士紹介サイトについて

⑴ 弁護士紹介サイトは、弁護士の情報を、インターネットを利用して市民が閲覧できる状態に置いてこれを掲載しているウェブサイト（弁護士情報提供ウェブサイト）であり、弁護士ポータルサイトなどとも呼ばれます。

⑵ 広い分野の依頼を集めようとする総合型と、債務整理、離婚、交通事故、刑事、相続等特定の分野の依頼を集めようとする案件特化型があるとされ、多数のサイトが存在します。

⑶ 弁護士紹介サイトには、多くの弁護士が登録する大規模なものから、案件を絞った小規模なサイトまで、様々なサイトがあります。

⑷ 市民が弁護士への依頼を検討する場合、多くの場合利用するのがこの弁護士紹介サイトであると言われています。それは、取り扱い分野や得意分野によって検索した複数の弁護士の紹介画面を見比べることにより、また、様々な質問に対する弁護士の回答を見比べることにより、弁護士のスキルを推測して、相談すべき弁護士の決定が容易になるといった利便性が高まります。

⑸ しかし、実際には、非弁業者が運営するサイトが横行し、サイト内に

「過払い金診断」、「借金診断」といったページを設け、個人情報を入力した閲覧者に電話をかけ強引な営業をして（広告規程5条1項違反）、非弁提携弁護士に債務整理事件を受任させ、非弁業者や事務員任せの事件処理をした上で（弁護士法27条違反）、非弁業者に預り金から高額な業務委託費を払い出し、依頼者に支払うべき過払い金や支払い代行のための弁済金が枯渇して支払えなくなるといった由々しい事案が発生しています。

(6) このような状況のもと、弁護士情報提供ウェブサイトへの掲載に関する禁止の要件を体系的に記載して明確にし、会員の予測可能性を確保しながら、取締りの際の疑義を解消しようとしたのがウェブサイト指針です。

2 ウェブサイト指針の意義

(1) 以前の広告指針はウェブサイトに関する部分がわかりにくく、弁護士にとっても、取締りをする弁護士会にとっても使いにくいものでした。

(2) そこで、日弁連は、ウェブサイト指針を発出することにより、弁護士職務基本規程や広告規程を改正することなく、非弁提携防止のための基本規程11条から13条までの規定の解釈指針をできるだけ具体的に示すとともに、関連する用語の定義を明確にして、会員が弁護士紹介サイトを利用するに当たっての注意点をできるだけ具体的に示すことにしました。

(3) ウェブサイト指針は、1で目的を、2で用語の定義を、3で基本規程11条との関係で「周旋」と「報酬目的」の内容を、4(1)で基本規程12条の「報酬分配」の、(2)で基本規程13条1項の「依頼者紹介の対価」の意義をそれぞれ明らかにしています。これらを、ごく大雑把にまとめたのが以下の表です。

<table>
<tr><th>概　念</th><th>該当（相当の疑いを含む）する行為</th><th>不該当となる場合</th></tr>
<tr><td rowspan="4">周　旋
3(2)</td><td>ア　提供される弁護士情報があらかじめ明示された客観的な検索条件に基づくことなく、業者の判断により選別・加工される</td><td></td></tr>
<tr><td>イ　業者が弁護士選定に当たり、閲覧者や弁護士と連絡を取る</td><td></td></tr>
<tr><td>ウ　閲覧者と弁護士の間の連絡の際、業者が通信内容に加工を行う</td><td>・弁護士情報提供ウェブサイトを通じて直接連絡を取り合える場合
・電子メールについて業者がフォームを設けたにすぎない場合</td></tr>
<tr><td>エ　業者が弁護士又は依頼者を紹介する旨表示して閲覧者や掲載弁護士を募る</td><td></td></tr>
<tr><td rowspan="3">報酬目的
3(3)ア</td><td>(ア)　業者が閲覧者から金銭等を受領する</td><td rowspan="3">以下の観点から周旋の対価でないと認められない特段の事情がある場合（3(3)イ）
(ア)　掲載期間・スペース・容量等から客観的かつ定額的に定まる登録・掲載料にとどまるか否か
(イ)　業者による宣伝内容・契約内容から法律事務取扱いの紹介と認められる程度の広告宣伝の強さ、金銭等の利益との関連性が認められるか否か
(ウ)　情報提供のみに係る対価の金額の水準との比較</td></tr>
<tr><td>(イ)　業者が弁護士から金銭等を受領する</td></tr>
<tr><td>(ウ)　登録・掲載料が事件数や弁護士報酬額に応じて算定される</td></tr>
<tr><td>報酬分配
4(1)</td><td>業者と弁護士が、契約上又は実質上弁護士報酬を分配していると認められる</td><td></td></tr>
<tr><td>紹介対価
4(2)</td><td>業者と弁護士が、契約上又は実質上紹介の対価を支払ったと認められる</td><td></td></tr>
</table>

（石本　哲敏）

コラム　広告を見る一般市民が弁護士業務広告で知りたい情報

弁護士業務広告を見る市民が最も知りたい情報は、専門分野、解決事例、弁護士報酬であるといわれています。

1　専門分野

特に、個人の顧客は、自分の案件の類似案件処理についての経験の厚い弁護士や専門弁護士に依頼したいという要望が強いといわれています（日弁連　第17回弁護士業務改革シンポジウム〈第1分科会〉「小規模法律事務所におけるマーケティング戦略～さらなる依頼者志向へ～」平成23年）。なるほど、初対面の人と名刺交換する際、ほとんどの人から、「先生の専門分野は何ですか？」と聞かれるわけです。

弁護士としては、得意分野・専門分野を作って他者との差別化を図るのが、依頼獲得に有利です。そのためには、弁護士会の消費者・知的財産・労働・刑事・倒産・災害対策等専門分野を取り扱う委員会や法律研究部に加入し、実際に活動をして専門的知見を高めたり、各種弁護団に加入したり、専門性の高い事件を取り扱う事務所に所属して多くの事件処理をしたり、といった方法が考えられます。

もっとも、どこまでやれば専門分野といえるかという点についてはとても難しい問題があります。例えば、弁護士会の研修を3回受けただけで専門分野というのは無理でしょう。同種事件処理件数が10件を超えれば、一応専門分野といっていいかもしれませんが、事件処理のほとんどを事務員が行う定型的な事件処理をたくさんこなしたような場合に専門家と呼ぶには躊躇があります。逆に、債権回収でも、各種保全処分から本訴、執行手続までフルコースで対応するような場合、医療事件で証拠保全から本訴で鑑定手続や尋問手続までやる場合、多数の債権者の存在する会社倒産事件での手続選択、債権者説明会から再生支援協議会・特定調停・民事再生又は破産申立てとその後の手続を担当するような場合は、3件もやれば十分専門分野だと思います。このように、専門分野といっても、その意義を一義的に定義するのは困難です。そのせいか、いまだに弁護士会には、弁護士に対する専門分野の認定制度がありません。

専門分野の獲得にはそれなりの時間と努力が必要なのですが、問題なのは、広告業者に「専門分野の表示は顧客誘引力の基本」などといわれて、経験もないのに専門分野を標榜し稚拙な事件処理をしたり、未経験の新人に単独で事件を担当させたりすることです。依頼者としては、広告を見て信頼して依頼したのに裏切られた、騙されたと思ってもやむを得ません。経験を「盛る」のはやめましょう。

弁護士業務広告を見る側としては、「専門分野」と書いてある場合は、広告指針で問題があると指摘されている以上、本当に自信のある専門家か、広告指針を知らずに専門分野と表示している法令調査能力に問題のある弁護士かを見極める必要があります。

2 解決事例

解決事例は、その弁護士が具体的にどのような事件をどのように解決したかというところから、その仕事ぶりや技量、専門性を推し測る格好の素材です。このため、弁護士業務広告を見る人は、解決事例をつぶさに読んで依頼についての意思決定をするということをよく聞きます。

もっとも、解決事例は、依頼者に無断で具体的に書けば事件が特定される場合があり、そうなると、守秘義務違反となってしまいます。逆に、抽象的過ぎるとアピール力がなくなります。事案をある程度抽象化して記載しても、依頼者なら「自分の事件だ」とわかることもあり、それはそれでとても不愉快になるので、弁護士会に苦情が寄せられることもあります。

もちろん、解決事例を弁護士業務広告に掲載することについての文書による依頼者の承諾を都度取り付けるのが原則であり王道なのですが、現実には、事件処理結果に対する依頼者の満足度や弁護士報酬の支払いに関する葛藤などから、同意を得るのが難しいケースが多いようです。

他方、広告業者は、「解決事例は、顧客誘引力の強い広告を作るために不可欠だ」ということで、その掲載を強く勧めることが多いようです。

広告業者の中には、「広告には嘘がつきものだ」と思っているものも散見され、まだ実際の解決事例のない若手弁護士に、「机上事例」、「シミュレーション事例」などと称して、架空の解決事例を掲載することを勧めるものもいます。ひどい業者になると、その架空事例をいくつもの弁護士のサイトで使いまわしているものまでいます。こういった違反広告を出さないよう注意することが弁護士には求められます。広告業者任せは許されません。

3　弁護士報酬

弁護士報酬がいくらになるかは、弁護士に事件処理を依頼しようとする人が最も関心を寄せる事項です。法律相談に来る前から、「○○事件の弁護士報酬はいくらですか？」と尋ねる人も多くおられます。

弁護士報酬がわかりやすくて、リーズナブルであれば、依頼しようとする人は、安心して弁護士に事件を依頼することができ、広告の顧客誘引力は増します。弁護士業務広告に弁護士報酬についての説明を掲載することは、不可欠といえるでしょう。

また、法律事務所のホームページに、弁護士報酬に関する説明を記載しておくことは、自己の弁護士報酬に関する情報の提供についての努力義務（報酬規程６条）にも合致します。

では、弁護士報酬に関する基準を法律事務所のホームページにアップしておけば、報酬規程３条１項の報酬基準の備え置き義務を履践したことになるのでしょうか。規程の文言からは明確ではありませんが、同項が報酬基準の備え置きを義務付ける趣旨は、当該事務所所属の弁護士が、報酬基準を必要に応じて参照したり、場合によっては依頼者に交付したりすることを容易にするためであると思われます。そうであるとすると、ウェブサイト上に報酬基準のファイルを保存していれば、必要に応じて閲覧したり、場合によってはプリントアウトして交付したりということが容易である以上、ウェブサイト上にアップしてある場合も、備え置き義務が履践されたと解するのが相当です。この場合、弁護士報酬基準のファイルにパスワードをかけて一般からの閲覧を制限している場合も同様と考えられます。なぜなら、当該事務所所属の弁護士であれば、パスワードを使って容易に報酬基準の内容にアクセスし、当該ファイルを閲覧したり、報酬基準をプリントアウトできるからです。

なお、現在、弁護士会に弁護士報酬の基準を定める規程はありません。これは、平成16年3月31日、弁護士会が定めていた弁護士報酬規定が独占禁止法の趣旨との関係もあって廃止され、同年4月1日以降は、各弁護士がそれぞれの報酬基準を作成して備え置かなければならないとされたことによります（報酬規程3条1項）。

弁護士報酬に関する説明を広告に掲載することは、必要かつ有益なことですが、以下のように問題のある表示も見受けられます。

例えば、「着手金0円」を謳いながら、調査料、手数料、チャージ料などと称して事件受任後に金銭を請求するケース。着手金0円といわれれば、事件委任後弁護士への報酬の支払いはないと考えるのが通常ですので、こうした金銭を請求する場合には、着手金0円の記載と同一の表示媒体内の同一の視野に入る位置に、適切な大きさの文字、文字間隔及び行間並びにコントラストで広告に記載することが必要です（打消し表示）。こういった打消し表示がない場合は、誤認のおそれのある広告となって広告規程3条2号に違反します。気を付けましょう。

（石本　哲敏）

第4章

弁護士会の対応

1 違反広告の排除

Q1 ① 弁護士会は問題のある弁護士業務広告があるとの情報提供を受けた場合、どのような対応をしていますか。

② 広告規制に違反したり、非弁提携を行った場合、弁護士はどのような不利益を受けますか。

A ① 各弁護士会で、弁護士業務広告についての調査を担当する部署はさまざまですが、東京弁護士会では、まず、弁護士会内の弁護士業務広告に関する問題（※）を主管している専門委員会である非弁提携弁護士対策本部に通知します。

通知を受けた対策本部では、情報提供の対象となっている業務広告について、調査を開始するかどうかを、本部内の広告調査部会に諮ります。

調査を開始すべきである、という結論に至った場合は、広告調査部会で、担当者を選任して調査に当たってもらいます。

調査は、対象となっている業務広告の態様に応じて様々ですが、広告主とされている会員からの聴取が実施されることが多いと思います。

（※）広告の内容、広告の方法等が日本弁護士連合会の定める広告規程又は外国弁護士広告規程に違反していないかが問題となります。

② 弁護士会が対象会員に対して課す不利益の最たるものは、懲戒処分です。

ポイント

懲戒を気にする前に、とにかく、弁護士会の対応に、全面的かつ最大限の協力をしてください。

解　説

1　懲戒処分は、綱紀・懲戒委員会の専権事項ですから確定的なことは言えませんが、必ずしも広告規制違反や非弁提携の事案の全てが懲戒に処せられるわけではありません。

大切なのは、広告規制違反や非弁提携が明らかになった後の対応です。

懲戒処分は、その対応を誤り、最悪の方向に向かって行き着いた先と心得て、目の前の状況を前提とした最善の道を模索してください。

2　ただ、何が最善の道なのか、一人では見出せないのが通常です。

ですから、まず相談してください。

相談先は、所属弁護士会に会員相談窓口があれば、そこがいいですが、会長や副会長に、直接、電話やメールで状況を訴えることにも躊躇は要りません。

理事者はいつでも相談を受け付けるはずです。

大いに利用してください。

東京弁護士会の場合、理事者に直接相談する方法のほか、非弁提携対策本部担当事務局に状況を伝えて、相談に応えてくれる対策本部所属弁護士を紹介してもらう、という方法もあり得ます。

3　相談を受けた所属弁護士会にとって最大の眼目は、被害者を産まないようにしつつ、生じてしまった被害者については救済を図ることです。

ですから、弁護士会の最初の仕事は、所属会員に対する是正指導を中核とする監督権限の行使や、被害者救済対策チームの編成です。

対象会員はこれらの弁護士会の活動に最大限の協力をしてください。

具体的には、弁護士会の求めに従って記録等を提出したり、違反広告の訂正・削除に応じたり、非弁業者との関わりをありのままに述べて、金銭の流れや所在の究明に協力することなどが、その主なところとなるでしょう（広告規程12条2項）。

4　協力を惜しまない姿勢を貫くことは、来るべき綱紀・懲戒手続においても、一定の評価を受ける可能性があります。

他方、非協力な態度は、それ自体が懲戒事由を構成しかねません。

どうか、「前非を悔いて、一日も早く誤りを改める」という姿勢を勇気をもって貫いてください。

（松山　憲秀）

2 弁護士会の相談窓口

Q2 弁護士業務広告に対する規制について、悩んだ場合の相談窓口は、弁護士会にありますか。

A 日弁連会員サポート窓口があります。

ポイント

① 日弁連会員であれば、全国どこからでも相談できます。

日弁連会員のパートナーなどの会員・親族、会員事務所の事務職員（以下「会員等」といいます。）も相談が可能です。

② 日弁連ウェブサイト内会員専用ページに掲載されている「会員サポート窓口相談員名簿」で相談員を選ぶか、日弁連事務局（審査部審査第三課、連絡先は日弁連会員向けホームページで「会員サポート窓口」で検索してください。）へ電話して相談員を紹介してもらい、相談申出人が相談員に相談することになります。

③ 相談は、電話で行います。相談申出人が電話をする日程を決めるあるいは相談内容を事前に伝える等の手段としてファクシミリや電子メールを使用したとしても、相談自体は相談申出人が電話で行っていただきます。

④ 相談料は、無料です。

⑤ 回答は助言であり、日弁連、サポート相談員は、一切の責任を負いませんので、ご注意ください。

解　説

1　日弁連は、会員が専門的知識を有する相談員に相談することで非行を事前に防止するように「会員サポート窓口」を設けています。「会員サポート窓口」は会員の職務や業務に関して生じた各種の問題について、会員等に対して適切な助言、指導、支援要請等を含む協力を行う窓口で、平成29年10月1日にスタートしたものです（会員サポート窓口運営規則（以下「サポート運営規則」といいます。）・会員サポート窓口運営細則（以下「サポート運営細則」といいます。））。

2　会員相談窓口の担当委員会は、「弁護士職務の適正化に関する委員会」です。

会員相談窓口の設置については、設置の2年前から「弁護士職務の適正化に関する全国協議会」において、全国規模で行うか、単位会あるいはブロック弁連ごとに行うか議論しましたが、多くの会が日弁連が主体となって全国規模で行ってほしいとの希望が多かったことから、日弁連「弁護士職務の適正化に関する委員会」が所管し、日弁連内に「会員サポート窓口」を設置し、その相談業務を行うことになりました。

3　「会員サポート窓口」では、会員の職務又は業務に関して生じた各種の問題につき、できるだけ幅広い相談に応じることになっています（サポート運営規則3条柱書）。

相談員は、相談申出人と対立するのではなく、相談申出人に寄添い、相談申出人の相談内容・相談意図を十分に汲み取り、親身になって相談に応じることを目指します。

したがって、サポート相談員は、相談申出人との信頼関係の保持に努め、直ちに解決できない場合でも、相談するだけで異なる視点から物事を見ることができ、あるいは精神的負担等を軽減し解決の方向に進むことがあるので、相談員は真摯な態度で相談に対応することが求められています（サポート運営規則9条）。

4　相談対象の具体例としては「広告・宣伝」の問題の外に、

① 利益相反等弁護士法や弁護士職務基本規程に抵触するか否かの問題
② 民事、刑事事件を問わず弁護士業務への妨害や嫌がらせへの対応問題
③ 身体的又は精神的疾患等から生じる職務遂行上の支障、休業等に関する業務支援問題
④ 事務所の開設、閉鎖及び事務所承継にかかわる問題
⑤ その他弁護士の職務又は業務に関する事項

がありますが、

5 相談対象の例外としては

① 個別の事件処理に関する法律相談
② 資格審査会、懲戒、紛議調停又は弁護士取締委員会等の手続に付され、又は付されていた事案

ただし、紛議調停や綱紀・懲戒制度あるいはその手続についての説明や代理人を選任することの利点の説明等、当該案件の内容に立ち入らない会規等に定められてる事項については、規定の説明ができます。

③ 職務及び業務と関係のない事項

ただし、パワーハラスメント、セクシャルハラスメント、ストーカー被害等により業務に支障が生ずる場合は、相談に応じることができます。

④ その他、本制度の目的にそぐわない事項

6 サポート相談員は、

① 弁護士登録の期間が5年以上である弁護士の中から、会長により選任されます。
② サポート相談員は、20名程度となります。
③ サポート相談員の任期は2年とし、他のサポート相談員の任期の途中において選任されたサポート相談員の任期は、他のサポート相談員の残存任期と同一になります。
④ サポート相談員は、弁護士職務の適正化に関する委員会、弁護士倫

理委員会、民事介入暴力対策委員会、業務・非弁・非弁提携問題等対策本部、弁護士業務妨害対策委員会、日弁連刑事弁護センター、若手弁護士サポートセンター及び各弁護士会連合会からの推薦に基づき選任された者、その他会長が適任と認める者で構成されます（サポート運営規則4条、サポート運営細則2条）。

7 日弁連ウェブサイト内会員専用ページに掲載されている「会員サポート窓口相談員名簿」に全国から集まった約20名の相談員の氏名・所属会・期・事務所電話・FAX・メールアドレス・対応可能分野の記載がありますので、相談申出人は、この「会員サポート窓口相談員名簿」の相談員から相談をする人を選んで相談します（サポート運営規則5条1・2項）。

8 他の方法として、日弁連審査部審査第三課（連絡先は日弁連会員向けホームページで「会員サポート窓口」で検索してください。）に電話をして、弁護士職務の適正化に関する委員会の委員長又は委員長が不在で連絡が取れない場合はあらかじめ委員会が定める委員会の副委員長（以下「担当委員長等」と総称します。）から相談員の紹介を受けることもできます（サポート運営規則5条2項）。

9 サポート相談員及び担当委員長等は

① 自己又は自己の配偶者若しくは三親等内の親族に関する事案

② 日弁連の懲戒委員会、綱紀委員会又は綱紀審査会において関与した事案

に関する相談又はサポート相談員の指名には関与できません。

10 相談申出人からの相談申込は、電話・FAX・メールで行うことができますが、サポート相談員からの具体的な相談の回答は電話で行います。FAX・メール等文書による回答は行いません。サポート相談員から折り返しの電話はしません。FAX・メール等で決まった日時に相談申出人が電話をして相談を行ってください。

11 サポート相談員から相談申出人に対して、以下の説明、確認があります。

① 免責について

サポート相談員の回答はあくまで助言であり、相談事項については回答内容の如何にかかわらず、相談申出人自らの責任で判断し対応していただきます。

したがって、日弁連及びサポート相談員等は、相談内容、回答等について、一切責任を負いません。

② 守秘義務について

ア サポート相談員及び担当委員長等は、在任中はもとより退任後も守秘義務を負います。

ただし、相談内容が非行に該当し、その非行の事実が重大であるとき、又は非行による被害が拡大するおそれが明白であると認められるときは、サポート相談員及び担当委員長等は相談申出人に通知のうえ、相談内容をその所属する弁護士会の会長に報告する場合があります。

イ 相談内容に応じ、必要があるときは日弁連関連委員会に支援・協力等をすることがあり、その際、相談内容は抽象化し、個人が特定されないようにします。

ウ 単位会・弁護士連合会の委員会等に支援・協力等を要請する場合は、相談申出人の同意を必要とします。

なお、必要がなければ、個人が特定されない形で支援・協力等の要請を行うことになります。

③ 個人情報は、日弁連のプライバシーポリシーに従い厳重に管理します。

ただし、統計的に処理・分析し、その結果を個人が特定しない状態で公表することがあります。

12 相談料は、無料です。

（金子　正志）

3 違反広告であるとして調査を受けたときの対応

Q3 所属弁護士会から広告規程違反のおそれを理由とする呼出状が届きました。どうしたらいいでしょうか。

A ぜひ、呼出しに応じてください。

日時の調整が必要なら、担当事務局に電話をして、遠慮なく都合を伝え、改めて呼出期日を決めてもらってください。

もし、どうしても呼出しに応じられない場合は、その理由を記した書面を提出してください。

ポイント

所属弁護士会による呼出しは、どの点が、どのような理由から、広告規程違反のおそれがあると考えているのかを説明し、対象会員の意図や事情なども聴くことを主な目的としています。

ですから、呼出しは、あくまでも違反の有無を調査するための手続の一環で、対象会員の責任追求を直接の目的とするものではありません。

解　説

(1) 所属弁護士会から呼出しを受けることは、時間を取られますし、面白いことではありません。

しかし、所属会員は、弁護士会が行う広告に関する調査に協力する義務がありますから（広告規程12条2項）、呼出しを無視しますと調査協力義務違反となってしまい、これ自体が懲戒事由になりかねません。

呼出しに応えて、広告規程違反の有無について担当委員と率直な意見交換を行い、問題が確認できれば早々に改める方が遥かにその先の業務にとって有益です。

呼出しには、業務見直しという積極的な意識をもって応えてください。

(2) ただ、なんで広告規程違反のおそれを指摘されなくてはならないのか、見当がつかないこともあるかもしれません。

中には、「これのどこが違反なんだ！」とか、「なんでこんなことまでいちいち規制するんだ！規程の方がおかしんじゃないか!?」と思うこともあるかもしれません。

しかし、誰にとっても、自分のしていることを客観的に見つめることは易しくありません。

見落としや思い込みから、判断を間違うことは誰にでもあり得ます。ですから、呼出しを受けたらできるだけ心を鎮めて、何が問題なのか、振り返ってください。

(3) 広告規程は3条以下で、弁護士や弁護士法人がしてはいけない広告、表示できない広告事項などについて、詳細に定めています。

ごく一般的な注意を払えば、いずれにも触れることはなさそうに思えますが、実際には必ずしもそうではありません。

やはり「業務を拡大したい！」という思いにかられたり、広告業者の勧めに乗っかったりして、知らずのうちに、あるいは、「これくらいなら」といった甘い見通しから、広告規程に違反してしまう事例は決して少なくありません。

ですから、規程違反のおそれを指摘されることは、業務見直しの好機になり得ます。

悪徳広告業者や非弁提携業者との関係を清算するきっかけになることもあります。

広告規程違反問題も、これから先の弁護士業務を憂いのないものとし、より充実した弁護士人生を歩むために避けて通れないものと考えてください。

（松山　憲秀）

コラム

非弁提携弁護士や違反広告に対する弁護士会間の取締の強弱

非弁提携弁護士や違反広告に対する取締は、各弁護士会がその所属会員に対して行っています。そのため、弁護士会ごとに対応は異なり、その取締にも強弱が生じることになります。

一般的な傾向として、会員数が多い大規模弁護士会では、調査や取締に多くの会員を当てることができるため、厳しい取締が行われるのに対し、中規模及び小規模弁護士会では、調査や取締に人員を割くことができず、どうしても取締が緩くなっているのが実情のようです。

取締が厳しい弁護士会としては、東京弁護士会と大阪弁護士会を挙げることができるでしょう。

東京弁護士会の特徴は、他の弁護士会とは異なり、非弁提携弁護士の取締とその対抗犯である非弁行為者の取締を担当する組織が分かれていることです。具体的には、非弁提携弁護士の取締については「非弁提携弁護士対策本部」が、非弁行為者の取締については「非弁護士取締委員会」が行っています。それぞれの組織には、経験豊富な人材が揃っているため、各取締を積極的に行うことが可能な体制になっています。

また、東京弁護士会では、多くの非弁提携弁護士の調査や取締を行ってきた中で、非弁提携行為と弁護士業務広告には密接な関係があることがわかりました。そこで、平成29年には、非弁提携弁護士の取締を行う非弁提携対策本部が弁護士業務広告に関する調査も担当することになりました。その結果、非弁提携弁護士に対する調査や取締の経験が豊富な弁護士が、違反広告の調査も担当するようになり、迅速かつ効果的な調査が行われるようになりました。

統計はありませんが、非弁提携弁護士や違反広告に対する調査や取締の件数は、全国の弁護士会の中でも東京弁護士会が一番多いと思われます。前述のとおり、東京弁護士会は人材が豊富であり、他の弁護士会では見逃されるような小さな事案でも、担当者が労を惜しまず調査や取締を行うところに強みがあります。

大阪弁護士会は、「法七十二条等問題委員会」が非弁行為者だけでなく、非弁提携弁護士や弁護士業務広告の調査も行っています。

大阪弁護士会も豊富な人材が揃っており、積極的に、非弁提携弁護士や非弁行為者に対する調査や取締を行っています。近年、現役の弁護士とインターネット関連会社が共謀し、弁護士資格がない事務員に債務整理手続の助言などの非弁行為をさせたとして弁護士法違反の罪に問われた事件がありましたが、これは大阪弁護士会が調査し、事件化したものです。この事件では、非弁行為に関与した弁護士は、インターネット関連会社の役員（当時）とともに弁護士法違反の有罪判決を受け、その後、その弁護士が所属していた弁護士法人も含め除名処分になりました。

大阪弁護士会の非弁提携弁護士や非弁行為者の調査や取締の件数は、東京弁護士会には及ばないと思われるものの、一旦、調査を開始したときの積極的に事件化する姿勢には目を見張るものがあります。大阪弁護士会に目を付けられた非弁提携弁護士や非弁行為者は、決して逃げることはできないと覚悟しておくべきでしょう。

いずれにせよ、それぞれ調査や取締の範囲や強度に特徴はありますが、東京弁護士会と大阪弁護士会が目を光らせているエリアでは、非弁行為、非弁提携行為や違反広告は厳重に取り締まられているといえます。

その他の弁護士会では、神奈川県弁護士会や第二東京弁護士会が比較的厳しい取締を行っているようです。

なお、非弁提携弁護士と違反広告に対する調査や取締の強度には、違いがあります。非弁提携行為は、直接市民に被害を与える類型の行為であり、それに関与する弁護士には根深い問題があることが通常であることから、調査や取締は厳重に行われます。それに対し、違反広告については、市民に与える被害は間接的であり、知識不足や不十分な理解から広告規程に違反してしまった場合もあるため、その調査や取締は、比較的穏便に行われます。なお、違反広告に対する弁護士会の対応については、**本章Q1**を参照してください。

（伊庭　潔）

コラム　違反広告を発見した場合

Q　**違反広告を発見した場合**

東北地方の○○市公会堂の会議室に「過払い金・債務整理無料相談センター」ができたとのチラシを見ました。てっきり、○○市が主催する公的な相談センターがあるのかと思って予約の電話してみました。すると、事務員のような人が出てきて、個人情報をとられ、色々聞かれた挙句、「あなたは、過払い金がもらえません。やっても無駄ですよ。」と一蹴されました。あとでチラシをよく見たら、実際に運営をしていたのは、東京の法律事務所でした。だまされた気分です。苦情を言いたいのですが、どちらにいえばいいですか。

A

東京の法律事務所ということですので、その事務所の弁護士が所属する弁護士会を調べて、その弁護士会に対して直接苦情を申し出ることもできますが、東北地方の○○市の所在する県の弁護士会に対しても、広告に問題があるとして苦情を申し出ることともできます。

広告規程12条7項では、「弁護士会は、他の弁護士会に所属する弁護士又は弁護士法人についてこの規程に違反する事由があると思料するときは、当該弁護士又は弁護士法人の所属弁護士会に対し、その旨を通知することができる。この場合において、通知を受けた弁護士会は、通知をした弁護士会に対し、当該事由について行った調査及び措置の内容を報告しなければならない」と規定されています。

したがいまして、あなたが○○市の所在する県の弁護士会に苦情を申し出て、その弁護士会が、あなたがご覧になった広告について、例えば広告規程3条2項に規定されている「誤導又は誤認のおそれのある広告」に該当すると思料した場合は、広告を出した法律事務所の弁護士が所属する弁護士会に、当該広告が規定に違反する事由がある旨を通知することができます。

これに対し、通知を受けた弁護士会は、当該広告をしている弁護士あるいは弁護士法人に対して、規程違反の事由があるか否かを調査し、違反の事実があれば違反行為の中止、排除その他必要な事項を命じ、また再発防止のための必要な措置をとらなければならないとされています（広告規程12条5項）。そして、通知を受けた弁護士会は、通知をした弁護士会に対して、違反した事由について行った調査及び措置の内容を報告しなければならないこととされています。

このように、弁護士会は、「違反行為の調査及びその排除等に関して相互に協力しなければならない」（広告規程12条8項）と規定されているのです。

（伊藤　治）

資料編

1　弁護士法（抜粋）
2　弁護士職務基本規程（抜粋）
3　弁護士等の業務広告に関する規程
4　外国法事務弁護士等の業務広告に関する規程
5　業務広告に関する指針
6　弁護士情報提供ウェブサイトへの掲載に関する指針
7　債務整理事件処理の規律を定める規程
8　法律事務所等の名称等に関する規程
9　外国法事務弁護士事務所等の名称等に関する規程
10　弁護士の報酬に関する規程
11　会員サポート窓口運営規則

1　弁護士法（抜粋）

（昭和24年法律第205号）

弁護士法（昭和8年法律第53号）の全部を改正する。

（非弁護士との提携の禁止）

第27条　弁護士は、第72条乃至第74条の規定に違反する者から事件の周旋を受け、又はこれらの者に自己の名義を利用させてはならない。

（非弁護士の法律事務の取扱い等の禁止）

第72条　弁護士又は弁護士法人でない者は、報酬を得る目的で訴訟事件、非訟事件及び審査請求、再調査の請求、再審査請求等行政庁に対する不服申立事件その他一般の法律事件に関して鑑定、代理、仲裁若しくは和解その他の法律事務を取り扱い、又はこれらの周旋をすることを業とすることができない。ただし、この法律又は他の法律に別段の定めがある場合は、この限りでない。

（譲り受けた権利の実行を業とすることの禁止）

第73条　何人も、他人の権利を譲り受けて、訴訟、調停、和解その他の手段によって、その権利の実行をすることを業とすることができない。

（非弁護士の虚偽標示等の禁止）

第74条　弁護士又は弁護士法人でない者は、弁護士又は法律事務所の標示又は記載をしてはならない。

2　弁護士又は弁護士法人でない者は、利益を得る目的で、法律相談その他法律事務を取り扱う旨の標示又は記載をしてはならない。

3　弁護士法人でない者は、その名称中に弁護士法人又はこれに類似する名称を用いてはならない。

（非弁護士との提携等の罪）

第77条　次の各号のいずれかに該当する者は、2年以下の懲役又は300万円以下の罰金に処する。

一　第27条（第30条の21において準用する場合を含む。）の規定に違反した者

二　第28条（第30条の21において準用する場合を含む。）の規定に違反した者

三　第72条の規定に違反した者

四　第73条の規定に違反した者

2　弁護士職務基本規程（抜粋）

（平成16年11月10日会規第70号）

改正　平成26年12月5日

第2章　一般規律

（広告及び宣伝）

第9条　弁護士は、広告又は宣伝をするときは、虚偽又は誤導にわたる情報を提供してはならない。

2　弁護士は、品位を損なう広告又は宣伝をしてはならない。

（依頼の勧誘等）

第10条　弁護士は、不当な目的のため、又は品位を損なう方法により、事件の依頼を勧誘し、又は事件を誘発してはならない。

（非弁護士との提携）

第11条　弁護士は、弁護士法（昭和24年法律第205号）第72条から第74条までの規定に違反する者又はこれらの規定に違反すると疑うに足りる相当な理由のある者から依頼者の紹介を受け、これらの者を利用し、又はこれらの者に自己の名義を利用させてはならない。

（報酬分配の制限）

第12条　弁護士は、その職務に関する報酬を弁護士又は弁護士法人でない者との間で分配してはならない。ただし、法令又は本会若しくは所属弁護士会の定める会則に別段の定めがある場合その他正当な理由がある場合は、この限りでない。

（依頼者紹介の対価）

第13条　弁護士は、依頼者の紹介を受けたことに対する謝礼その他の対価を支払ってはならない。

2　弁護士は、依頼者の紹介をしたことに対する謝礼その他の対価を受け取ってはならない。

3　弁護士等の業務広告に関する規程

（平成12年3月24日会規第44号）

改正　平成13年10月31日
同　19年3月1日
同　20年12月5日
同　26年12月5日

（目的）

第1条　この規程は、日本弁護士連合会会則（以下「会則」という。）第29条の2第2項（弁護士法人規程（会規第47号）第19条において準用する場合を含む。）の規定に基づき、弁護士及び弁護士法人（以下「弁護士等」という。）の業務広告に関し必要な事項を定めることを目的とする。

（広告の定義）

第2条　この規程において「広告」とは、弁護士又は弁護士法人が、口頭、書面、電磁的方法その他の方法により自己又は自己の業務を他人に知らせるために行う情報の伝達及び表示行為であって、顧客又は依頼者となるように誘引することを主たる目的とするものをいう。

（禁止される広告）

第3条　弁護士等は、次に掲げる広告をすることができない。

一　事実に合致していない広告

二　誤導又は誤認のおそれのある広告

三　誇大又は過度な期待を抱かせる広告

四　困惑させ、又は過度な不安をあおる広告

五　特定の弁護士、弁護士法人、外国法事務弁護士若しくは外国法事務弁護士法人又はこれらの事務所と比較した広告

六　法令又は本会若しくは所属弁護士会の会則若しくは会規に違反する広告

七　弁護士等の品位又は信用を損なうおそれのある広告

（表示できない広告事項）

第4条　弁護士等は、次に掲げる事項を表示した広告をすることができない。

一　訴訟の勝訴率

二　顧問先又は依頼者。ただし、顧問先又は依頼者の書面による同意がある場合を除く。

三　受任中の事件。ただし、依頼者の書面による同意がある場合及び依頼者が特定

されず、かつ、依頼者の利益を損なうおそれがない場合を除く。

四　過去に取り扱い、又は関与した事件。ただし、依頼者の書面による同意がある場合及び広く一般に知られている事件又は依頼者が特定されない場合で、かつ、依頼者の利益を損なうおそれがない場合を除く。

（訪問等による広告の禁止）

第5条　弁護士等は、面識のない者（現在及び過去の依頼者、友人、親族並びにこれらに準じる者以外の者をいう。以下同じ。）に対し、訪問又は電話による広告をしてはならない。ただし、次に掲げる場合は、この限りでない。

一　法律事務の依頼を希望する者から請求があった場合

二　刑事事件又は少年事件について、本人以外の弁護人選任権又は付添人選任権を有する者から請求があった場合

三　公益上の必要があるとして所属弁護士会の承認を得た場合

2　弁護士等は、面識のない者に対し、その者の承諾を得ないで、電子メールによる広告をしてはならない。

（特定の事件の勧誘広告）

第6条　弁護士等は、特定の事件の当事者及び利害関係者で面識のない者に対して、郵便その他これらの者を名宛人として直接到達する方法で、当該事件の依頼を勧誘する広告をしてはならない。ただし、公益上の必要があるとして所属弁護士会の承認を得た場合については、この限りでない。

（有価物等供与の禁止）

第7条　弁護士等は、広告の対象者に対し、社会的儀礼の範囲を超えた有価物等の利益を供与して広告をしてはならない。

（第三者の抵触行為に対する協力禁止）

第8条　弁護士等は、第三者が弁護士又は弁護士法人の業務に関して行う情報の伝達又は表示行為でこの規程に抵触するものに対し、金銭その他の利益を供与し、又はこれに協力してはならない。

（弁護士等の表示）

第9条　弁護士は、広告中に次に掲げる事項を表示しなければならない。

一　氏名（職務上の氏名を使用している者については、職務上の氏名をいう。以下同じ。）

二　所属弁護士会

2　弁護士法人は、広告中に次に掲げる事項を表示しなければならない。

一　名称

二　主たる法律事務所の名称又は広告に係る従たる法律事務所の名称

三　所属弁護士会（複数の弁護士会に所属するときは、主たる法律事務所の所在す

る地域において所属する弁護士会又は広告に係る従たる法律事務所の所在する地域において所属する弁護士会を表示することをもって足りる。）

3　弁護士等が共同して広告をする場合は、当該広告を代表する者が、弁護士のときにあっては第1項各号に掲げる事項を、弁護士法人のときにあっては前項各号に掲げる事項を、それぞれ表示することをもって足りる。

（通信手段により受任する場合の広告記載事項）

第9条の2　弁護士等は、電話、電子メールその他の通信手段により法律事務を受任する場合について広告をするときは、前条に規定する事項のほか、次に掲げる事項を表示しなければならない。

一　受任する法律事務の表示及び範囲

二　報酬の種類、金額、算定方法及び支払時期

三　委任事務の終了に至るまで委任契約の解除ができる旨及び委任契約が中途で終了した場合の清算方法

（広告であることの表示）

第10条　弁護士等が、郵便又はこれに準ずる方法により、面識のない者に対し直接配布する広告物については、封筒の外側又は広告物の表側若しくは最初の部分に、広告であることを表示しなければならない。

（保存義務）

第11条　広告をした弁護士等は、広告物又はその複製、写真等の当該広告物に代わる記録及び広告をした日時、場所、送付先等の広告方法に関する記録並びに第4条第2号から第4号までに掲げる同意を証する書面を当該広告が終了した時から3年間保存しなければならない。

（違反行為の排除等）

第12条　弁護士会は、所属の弁護士等に対し、必要があると認めるときは、前条に規定する記録等の提出を求め、その他広告に関する調査を行うことができる。

2　弁護士等は、前項の調査に協力しなければならない。

3　広告が第3条第1号に該当する疑いがあるときは、弁護士会は、広告をした所属の弁護士等に対して、広告内容が事実に合致していることを証明するよう求めることができる。

4　前項の場合において広告をした弁護士又は弁護士法人が広告内容につき事実に合致していることを証明できなかったときは、弁護士会は、当該広告が第3条第1号に該当するものとみなすことができる。

5　弁護士会は、この規程に違反した所属の弁護士等に対し、違反行為の中止、排除その他の必要な事項を命じ、又は再発防止のための必要な措置を採らなければならない。この場合において、弁護士会は、当該弁護士又は弁護士法人に対し、弁明の

機会を与えなければならない。

6　弁護士会は、この規程に違反した所属の弁護士若しくは弁護士法人が前項に規定する命令その他の措置に従わない場合又は当該行為の中止若しくは排除が困難な場合において、当該行為による被害発生防止のため特に必要があるときは、弁護士会が前項に規定する命令その他の措置を採った事実及び理由の要旨を公表することができる。

7　弁護士会は、他の弁護士会に所属する弁護士又は弁護士法人についてこの規程に違反する事由があると思料するときは、当該弁護士又は弁護士法人の所属弁護士会に対し、その旨を通知することができる。この場合において、通知を受けた弁護士会は、通知をした弁護士会に対し、当該事由について行った調査及び措置の内容を報告しなければならない。

8　日本弁護士連合会及び弁護士会は、違反行為の調査及びその排除等に関して相互に協力しなければならない。

（広告の運用指針）

第13条　会長は、この規程の解釈及び運用につき、理事会の承認を得て、指針を定めることができる。

附　則

1　この規程は、平成12年10月1日から施行する。

2　弁護士の業務の広告に関する規程（昭和62年3月14日会規第31号）は廃止する。

附　則（平成13年10月31日会規第48号
弁護士法人制度創設に係る弁護士法改正に伴う会規（外国特別会員関係を除く）の整備に関する規程　第1条、第9条改正）

この規程は、平成14年4月1日から施行する。

附　則（平成19年3月1日会規第79号
弁護士法及び商業登記法の改正、総合法律支援法の制定並びに法律事務所等の名称等に関する規程等の制定等に伴う会規（外国特別会員関係を除く。）の整備に関する規程　第9条改正）

この規程は、平成19年3月1日から施行する。

附　則（平成20年12月5日改正）

第2条、第3条第4号から第7号まで、第5条（見出しを含む。）第2項（新設）及び第3項（新設）並びに第9条の2（新設）の改正規定は、平成21年4月1日から施行する。

附　則（平成20年12月5日会規第91号
職務上の氏名に関する規程の制定に伴う会規（外国特別会員関係を除く。）の整備に関する規程　第9条改正）抄

1　この規程は、成立の日から起算して2年を超えない範囲内において理事会で定め

る日から施行する。

（平成21年12月17日理事会決議で平成22年12月1日から施行）

附　則（平成26年12月5日会規第102号

外国法事務弁護士法人制度創設に係る外国弁護士による法律事務の取扱いに関する特別措置法の一部改正に伴う会規（外国特別会員関係を除く。）の整備に関する規程　題名、第1条、第2条、第3条、第4条、第5条、第6条、第7条、第8条、第9条、第9条の2、第10条、第11条、第12条改正）抄

第1条　この規程は、外国弁護士による法律事務の取扱いに関する特別措置法の一部を改正する法律（平成26年法律第29号）の施行の日から施行する。

（平成27年政令第414号で平成28年3月1日から施行）

4　外国法事務弁護士等の業務広告に関する規程

（平成12年3月24日会規第45号）

改正　平成20年12月5日
同　26年12月5日

（目的）

第1条　この規程は、外国特別会員基本規程（会規第25号）第29条第2項（外国法事務弁護士法人規程（会規第99号）第20条において準用する場合を含む。）の規定に基づき、外国法事務弁護士及び外国法事務弁護士法人（以下「外国法事務弁護士等」という。）の業務広告に関し必要な事項を定めることを目的とする。

（広告の定義）

第2条　この規程において「広告」とは、外国法事務弁護士又は外国法事務弁護士法人が、口頭、書面、電磁的方法その他の方法により自己又は自己の業務を他人に知らせるために行う情報の伝達及び表示行為であって、顧客又は依頼者となるように誘引することを主たる目的とするものをいう。

（禁止される広告）

第3条　外国法事務弁護士等は、次に掲げる広告をすることができない。

一　事実に合致していない広告

二　誤導又は誤認のおそれのある広告

三　誇大又は過度な期待を抱かせる広告

四　困惑させ、又は過度な不安をあおる広告

五　特定の外国法事務弁護士、外国法事務弁護士法人、弁護士若しくは弁護士法人又はこれらの事務所と比較した広告

六　法令又は本会若しくは所属弁護士会の会則若しくは会規に違反する広告

七　外国法事務弁護士等の品位又は信用を損なうおそれのある広告

（表示できない広告事項）

第4条　外国法事務弁護士等は、次に掲げる事項を表示した広告をすることができない。

一　訴訟の勝訴率

二　顧問先又は依頼者。ただし、顧問先又は依頼者の書面による同意がある場合を除く。

三　受任中の事件。ただし、依頼者の書面による同意がある場合及び依頼者が特定されず、かつ、依頼者の利益を損なうおそれがない場合を除く。

四　過去に取り扱い、又は関与した事件。ただし、依頼者の書面による同意がある

場合及び広く一般に知られている事件又は依頼者が特定されない場合で、かつ、依頼者の利益を損なうおそれがない場合を除く。

（訪問等による広告の禁止）

第5条　外国法事務弁護士等は、面識のない者（現在及び過去の依頼者、友人、親族並びにこれらに準じる者以外の者をいう。以下同じ。）に対し、訪問又は電話による広告をしてはならない。ただし、次に掲げる場合は、この限りでない。

一　法律事務の依頼を希望する者から請求があった場合

二　公益上の必要があるとして所属弁護士会の承認を得た場合

2　外国法事務弁護士等は、面識のない者に対し、その者の承諾を得ないで、電子メールによる広告をしてはならない。

（特定の事件の勧誘広告）

第6条　外国法事務弁護士等は、特定の事件の当事者及び利害関係者で面識のない者に対して、郵便その他これらの者を名宛人として直接到達する方法で、当該事件の依頼を勧誘する広告をしてはならない。ただし、公益上の必要があるとして所属弁護士会の承認を得た場合については、この限りでない。

（有価物等供与の禁止）

第7条　外国法事務弁護士等は、広告の対象者に対し、社会的儀礼の範囲を超えた有価物等の利益を供与して広告をしてはならない。

（第三者の抵触行為に対する協力禁止）

第8条　外国法事務弁護士等は、第三者が外国法事務弁護士又は外国法事務弁護士法人の業務に関して行う情報の伝達又は表示行為でこの規程に抵触するものに対し、金銭その他の利益を供与し、又はこれに協力してはならない。

（外国法事務弁護士等の表示）

第9条　外国法事務弁護士は、広告中に次に掲げる事項を表示しなければならない。

一　氏名（職務上の氏名を使用している者については、職務上の氏名をいう。以下同じ。）

二　所属弁護士会

2　外国法事務弁護士法人は、広告中に次に掲げる事項を表示しなければならない。

一　名称

二　主たる事務所の名称又は広告に係る従たる事務所の名称

三　所属弁護士会（複数の弁護士会に所属するときは、主たる事務所の所在する地域において所属する弁護士会又は広告に係る従たる事務所の所在する地域において所属する弁護士会を表示することをもって足りる。）

3　外国法事務弁護士等が共同して広告をする場合は、当該広告を代表する者が、外国法事務弁護士のときにあっては第1項各号に掲げる事項を、外国法事務弁護士法人のときにあっては前項各号に掲げる事項を、それぞれ表示することをもって足りる。

（通信手段により受任する場合の広告記載事項）

第9条の2 外国法事務弁護士等は、電話、電子メールその他の通信手段により法律事務を受任する場合について広告をするときは、前条に規定する事項のほか、次に掲げる事項を表示しなければならない。

一 受任する法律事務の表示及び範囲

二 報酬の種類、金額、算定方法及び支払時期

三 委任事務の終了に至るまで委任契約の解除ができる旨及び委任契約が中途で終了した場合の清算方法

（広告であることの表示）

第10条 外国法事務弁護士等が、郵便又はこれに準ずる方法により、面識のない者に対し直接配布する広告物については、封筒の外側又は広告物の表側若しくは最初の部分に、広告であることを表示しなければならない。

（保存義務）

第11条 広告をした外国法事務弁護士等は、広告物又はその複製、写真等の当該広告物に代わる記録及び広告をした日時、場所、送付先等の広告方法に関する記録並びに第4条第2号から第4号までに掲げる同意を証する書面を当該広告が終了した時から3年間保存しなければならない。

（違反行為の排除等）

第12条 弁護士会は、所属の外国法事務弁護士等に対し、必要があると認めるときは、前条に規定する記録等の提出を求め、その他広告に関する調査を行うことができる。

2 外国法事務弁護士等は、前項の調査に協力しなければならない。

3 広告が第3条第1号に該当する疑いがあるときは、弁護士会は、広告をした所属の外国法事務弁護士等に対して、広告内容が事実に合致していることを証明するよう求めることができる。

4 前項の場合において広告をした外国法事務弁護士又は外国法事務弁護士法人が広告内容につき事実に合致していることを証明できなかったときは、弁護士会は、当該広告が第3条第1号に該当するものとみなすことができる。

5 弁護士会は、この規程に違反した所属の外国法事務弁護士等に対し、違反行為の中止、排除その他の必要な事項を命じ、又は再発防止のための必要な措置を採らなければならない。この場合において、弁護士会は、当該外国法事務弁護士又は外国法事務弁護士法人に対し、弁明の機会を与えなければならない。

6 弁護士会は、この規程に違反した所属の外国法事務弁護士若しくは外国法事務弁護士法人が前項に規定する命令その他の措置に従わない場合又は当該行為の中止若

しくは排除が困難な場合において、当該行為による被害発生防止のため特に必要があるときは、弁護士会が前項に規定する命令その他の措置を採った事実及び理由の要旨を公表することができる。
7　弁護士会は、他の弁護士会に所属する外国法事務弁護士又は外国法事務弁護士法人についてこの規程に違反する事由があると思料するときは、当該外国法事務弁護士又は外国法事務弁護士法人の所属弁護士会に対し、その旨を通知することができる。この場合において、通知を受けた弁護士会は、通知をした弁護士会に対し、当該事由について行った調査及び措置の内容を報告しなければならない。
8　日本弁護士連合会及び弁護士会は、違反行為の調査及びその排除等に関して相互に協力しなければならない。

（広告の運用指針）

第13条　会長は、この規程の解釈及び運用につき、理事会の承認を得て、指針を定めることができる。

附　則

1　この規程は、平成12年10月1日から施行する。
2　外国特別会員の業務の広告に関する規程（昭和62年3月14日会規第32号）は廃止する。

附　則（平成20年12月5日改正）

第2条、第3条第4号から第7号まで、第5条（見出しを含む。）第2項（新設）及び第3項（新設）並びに第9条の2（新設）の改正規定は、平成21年4月1日から施行する。

附　則（平成20年12月5日会規第92号
外国法事務弁護士の職務上の氏名に関する規程の制定に伴う外国特別会員関係会規の整備に関する規程　第9条改正）抄

1　この規程は、成立の日から起算して2年を超えない範囲内において理事会で定める日から施行する。

（平成21年12月17日理事会決議で平成22年12月1日から施行）

附　則（平成26年12月5日会規第101号
外国法事務弁護士法人制度創設に係る外国弁護士による法律事務の取扱いに関する特別措置法の一部改正に伴う会規（外国特別会員関係）の整備に関する規程　題名、第1条、第2条、第3条、第4条、第5条、第6条、第7条、第8条、第9条、第9条の2、第10条、第11条、第12条改正）抄

第1条　この規程は、外国弁護士による法律事務の取扱いに関する特別措置法の一部を改正する法律（平成26年法律第29号）の施行の日から施行する。（後略）

（平成27年政令第414号で平成28年3月1日から施行）

5　業務広告に関する指針

（平成24年3月15日理事会議決）

全部改正　平成24年3月15日
改正　同　26年12月18日
同　30年 1月18日

目次

第1　総則
第2　規程第2条の広告の定義に関する事項
第3　規程第3条の規定により規制される広告
第4　規程第4条の規定により表示できない広告事項と例外的に許される表示
第5　規程第5条及び第6条の規定による直接的な勧誘行為の禁止
第6　規程第7条の規定による有価物等供与の禁止
第7　規程第8条の規定による第三者の抵触行為に対する協力禁止
第8　規程第9条から第11条までに規定する広告についての責任
第9　規程第12条の違反行為の排除等
附則

第1　総則

1　目的

この指針（以下「指針」という。）は、弁護士及び弁護士法人並びに外国法事務弁護士及び外国法事務弁護士法人（以下「弁護士等」という。）が行う業務広告（以下「広告」という。）に関し、弁護士等の業務広告に関する規程（会規第44号）第13条及び外国法事務弁護士等の業務広告に関する規程（会規第45号）第13条の規定に基づき、これらの規程（以下「規程」という。）の解釈及び運用についての指針を定めることを目的とする。

2　解釈及び運用の基準

(1)　本会及び弁護士会は、規程の解釈及び運用に当たっては、次に掲げるア及びイの両面に留意しなければならない。

ア　弁護士等の品位を損なう不適切な広告により国民の利益が損なわれることがないようにすること。

イ　弁護士等が広告を行うことにより国民が弁護士等から法的サービスを受けるための必要な情報が得られるものであること及びこれにより国民が権利の実現

を図ることができるようになることに鑑み、国民に対する弁護士等の広告による必要かつ十分な情報の提供が妨げられることがないようにすること。

(2) この指針において、「とする」又は「ものとする」とある規定は、規程の解釈及び運用の基準を示すものである。ただし、形式的な違反を問うことなく、常に具体的事例に応じた実質的な規程の解釈を旨としなければならない。

(3) この指針において、「しなければならない」とある規定に違反した場合は、本会又は弁護士会において規程違反と解釈され得るものである。ただし、本会及び弁護士会の綱紀委員会及び懲戒委員会並びに本会の綱紀審査会の判断を拘束するものではない。

(4) この指針において、「望ましい」とある規定については、これに従わなかったことをもって直ちに規程の当該規定に違反するものと解釈してはならない。ただし、他の行為等と併せて規程その他の規範に違反するか否かを判断する場合において、その要素の1つとすることを妨げない。

(5) この指針において、例、事例等を挙げている場合には、典型的な例、事例等を示すことを目的とするものであって、全ての例、事例等を網羅することを目的とするものではないため、当該例、事例等に限らず、当該例、事例等に準じるものについても適用があるものとして解釈し、及び運用するものとする。

(6) この指針は、事例の集積に合わせて適時に改定するものとする。

第2　規程第2条の広告の定義に関する事項

1　広告の主体

(1) 規程第2条の規定は、規程における広告は弁護士等が行うものであることを規定するが、広告の主体が誰であるかは、広告を全体的に観察して判断するものとする。

(2) 広告中に、著名人、依頼者等広告主である弁護士等以外の第三者の談話、証言、推薦文等が掲載されていたとしても、全体的に観察して弁護士等が行っていると認められるときは、当該弁護士等の広告であると判断するものとする。この場合において、当該著名人、依頼者等の第三者の談話、証言、推薦文等を利用した広告であると認めるときは、当該談話、証言、推薦文等を含めて、規程に違反するものであるか否かを判断するものとする。

2　広告の目的

(1) 判断基準

規程第2条の主たる目的が顧客誘引にあるか否かについては、弁護士等の主観のみを基準とするのではなく、広告内容、広告がなされた状況等の事情を総合して判断するものとする。

(2) 法律相談会等を法律事務所でなく一時的な催事場等で行う場合であって、その広告を行う場合は、当該法律相談会等が無料の法律相談に限るとしても、継続相談、事件の依頼等の可能性があることから、顧客誘引目的があるものであって、広告に該当する。

(3) 顧客誘引が主たる目的とは認められない例

次に掲げる例は、顧客誘引のための特段の表示がない限り、顧客誘引が主たる目的とは認められないものとする。

ア 名刺、便箋、封筒、慶弔の花輪等に「弁護士某」、「弁護士法人某」、「外国法事務弁護士某」又は「外国法事務弁護士法人某」と表示すること。

イ 友人、親戚等の結婚式や祝賀会に「弁護士某」、「弁護士法人某」、「外国法事務弁護士某」又は「外国法事務弁護士法人某」として祝電を打つこと。

ウ 選挙ポスター、選挙公報等に「弁護士某」と表示し、経歴等を記載すること。

エ 新聞又は雑誌の法律相談記事、コメント記事又は投稿欄に顔写真、経歴等と共に「弁護士某」と記載すること。

オ 著作物の著者紹介欄に「弁護士某」と表示し、事務所の名称、所在地、電話番号等の連絡先を記載すること。

カ 「弁護士某」と表示し、暑中見舞い、年賀状等の時候の挨拶状を出すこと。

(4) 前号の規定にかかわらず、会合、パーティー等における名刺交換にあっては本来顧客誘引が主たる目的ではないと認められるが、街頭で不特定多数の人に弁護士等の名刺を配布する場合にあっては顧客誘引が主たる目的であると判断されるものである等、当該行為の具体的な態様によっては、顧客誘引が主たる目的と認められる場合があることに留意するものとする。

第3 規程第3条の規定により規制される広告

1 弁護士等の品位についての考え方

弁護士等の品位保持の目的は、国民の弁護士等に対する信頼を維持することにあると考えられることから、品位を損なうおそれのある広告であるか否かは、弁護士等の立場から判断するのではなく、広告の受け手である国民から見た場合に弁護士等に対する信頼を損なうおそれのある広告であるか否かという視点で判断するものとする。

2 規程第3条第1号―事実に合致していない広告

事実に合致していない広告として規程第3条第1号に違反するものは、次に掲げる例その他事実に合致しない事項が記載されたもの一切とする。

(1) 虚偽の表示　次に掲げる表示等

ア 経歴等を偽った表示

イ 実在しない人物の推薦文

(2) 実体が伴わない団体又は組織の表示　これからメンバーを集めて組織しようとしているような場合において「・・・準備会」等と正確に表示せず、又は実体が伴わないにもかかわらず、「・・・弁護団」、「・・・研究会」等と団体名を表示すること。

3　規程第3条第2号―誤導又は誤認のおそれのある広告

誤導又は誤認のおそれのある広告として規程第3条第2号に違反するものの例は、次の各号に掲げる表現であって、当該各号に定めるとおりとする。

(1) 交通事故の損害賠償事件の件数を損害賠償事件取扱件数に含めて延べ件数を表示し、あたかも損害賠償事件全般について習熟しているかのような印象を与える表現　「過去の損害賠償事件取扱件数○○件　航空機事故はお任せ下さい。」

(2) 他の事件を例として掲げ、その例と同じような結果をもたらすと思わせるような表現　「交通事故で1億3,000万円を獲得しています。あなたも可能です。」

(3) 弁護士報酬についての曖昧かつ不正確な表現　「割安な報酬で事件を受けます。」

4　規程第3条第3号―誇大又は過度な期待を抱かせる広告

誇大又は過度な期待を抱かせる広告として規程第3条第3号に違反するものの例は、次に掲げるとおりとする。

(1)「当事務所ではどんな事件でも解決してみせます。」

(2)「たちどころに解決します。」

5　規程第3条第4号―困惑させ、又は過度な不安をあおる広告

困惑させ、又は過度な不安をあおる広告として規程第3条第4号に違反するものの例は、次に掲げるとおりとする。

(1)「今すぐ請求しないとあなたの過払金は失われます。」

(2) 強硬な取立ての状況の体験記を記載する等して、債務整理の依頼をしないとあたかも同様の状況に陥るかのように不安にさせて勧誘する広告

6　規程第3条第5号―特定の弁護士等又はこれらの事務所と比較した広告

特定の弁護士等又はこれらの事務所と比較した広告として規程第3条第5号に違反するものの例は、第1号に掲げるとおりとする。第2号に掲げる例等弁護士等の氏名（職務上の氏名を使用している者については、職務上の氏名を含む。）若しくは名称又は事務所の名称が表示されていない場合であっても、全体的な表現から特定の弁護士等又はこれらの事務所を指しているものと認められるときは、同様とする。

(1)「○○事務所より豊富なスタッフ」

(2)「○○を宣伝文句にしている事務所とは異なり、当事務所は○○で優れています。」

7　規程第3条第6号―法令又は本会若しくは所属弁護士会の会則及び会規に違反する広告

法令又は本会若しくは所属弁護士会の会則及び会規に違反する広告として規程第3

条第6号に違反するものの例は、次に掲げるとおりとする。

(1) 法令に違反する広告の例

ア 次に掲げる弁護士法又は特別措置法に違反する広告

(ア) 広告内容に問題があるか否かにかかわらず、弁護士法第72条から第74条までの規定に違反する者との提携関係の実態が認められる弁護士等が行う広告。ただし、当該提携関係にある業務と無関係な業務に係るものを除く。

(イ) 弁護士法第72条から第74条までの規定に違反する者に自己の名義を使用させて行う広告

(ウ) 他士業その他弁護士等でない者と共同して行う広告であって、当該弁護士等でない者があたかも弁護士等と共同して権限を超えた法律事務を取り扱うことができるかのように表示された広告

(エ) 登録している事務所のほかに名称等の如何を問わず、法律事務取扱いの本拠と見られる別の連絡先（外国法事務弁護士及び外国法事務弁護士法人にあっては、国内のものに限る。）を記載する弁護士法第20条第3項又は特別措置法第45条第5項に違反する広告

(オ) 弁護士又は弁護士法人と外国法事務弁護士又は外国法事務弁護士法人が共同して行う広告であって、当該外国特別会員が適法に取り扱うことができる法律事務の範囲が明示されず、原資格国法又は特定外国法に関する法律事務しか取り扱うことができないことが明らかでないもの

イ 不当景品類及び不当表示防止法（昭和37年法律第134号）に違反する広告その他刑罰法規違反、名誉毀損・信用毀損、プライバシー侵害、著作権・商標権侵害となる広告

(2) 弁護士職務基本規程又は外国法事務弁護士職務基本規程に違反する広告の例

ア 裁判官や検察官と一定の関係にあることを示唆して、事件が有利に運ぶような期待を抱かせる表示を含む広告

イ 広告内容に問題があるか否かにかかわらず、他士業その他弁護士等でない者と正当な理由なく弁護士等の報酬を分配する実態が認められる弁護士等が行う広告。ただし、当該報酬分配に係る業務と無関係な業務に係るものを除く。

(3) 法律事務所等の名称等に関する規程（会規第75号）又は外国法事務弁護士事務所等の名称等に関する規程（会規第76号）に違反する広告の例　弁護士等の事務所の名称とは別に「○○交通事故相談センター」、「○○遺言相続センター」等別の組織、施設等の名称を用い、法律事務所等の名称等に関する規程第6条若しくは第13条又は外国法事務弁護士事務所等の名称等に関する規程第6条若しくは第9条の6の複数名称の禁止等に違反する広告

8　規程第3条第7号―弁護士等の品位又は信用を損なうおそれのある広告

弁護士等の品位又は信用を損なうおそれのある広告として規程第3条第7号に違反するものの例は、次に掲げるとおりとする。

(1)　違法行為若しくは脱法行為を助長し、又はもみ消しを示唆する次に掲げる表現を含む広告

ア　「法の抜け道、抜け穴教えます。」

イ　「競売を止めてみせます。」

(2)　奇異、低俗又は不快感を与える次に掲げるもの

ア　「用心棒弁護士」との表現を含む広告

イ　ことさら残酷又は悲惨な場面を利用した広告

9　規程第3条第2号及び第3号―複合例

弁護士等の選択にとってあまり重要でない事項をあたかも重要であるかのように強調して第1号に掲げる例のように表示する広告又は不正確な基準を用いて実際よりも優位であるかのような印象を与えるような、実際は保釈請求件数であるにもかかわらず第2号に掲げる例のように表示する広告は、規程第3条第2号及び第3号に違反するものとする。

(1)「○○地検での保釈ならお任せ下さい、元○○地検検事正」

(2)「保釈の実績○○件、保釈なら当事務所へ」

10　キャッチフレーズ

キャッチフレーズは、表現が抽象的でかつ説明が十分でないことから、広告の受け手に対し、誤解や過度な期待を与えかねないため、広告にキャッチフレーズを用いるときは、規程第3条第2号及び第3号の規定に鑑み、その表現に十分注意しなければならない。ただし、次に掲げる例のような表示は、事実に反しない限り許されるものとする。

(1)「市民の味方です。」

(2)「懇切丁寧にやります。」

(3)「闘う弁護士」

(4)「モットーは迅速第一」

11　役職、経歴等に関する表示

次に掲げる役職、経歴等に関する表示の例は、第1号に掲げるものにあっては規程第3条第1号及び第7号の規定に、第2号に規定するものにあっては規程第3条第2号及び第3号に違反するものと判断するものとする。

(1)　実体のない団体、ほとんど活動していない団体又は弁護士等に対する社会的信頼・信用を損なわせる団体の役職又は経歴を表示すること。

(2)　役職又は前履歴を表示し、その役職又は前履歴によって特に有利な解決が期待

できることを示唆する次に掲げる例のような表示

ア 「元特捜部検事　検察庁に対する押しが違います。」

イ 「○○家庭裁判所の調停委員　○○家庭裁判所に顔がききます。」

12 専門分野と得意分野の表示

(1) 専門分野は、弁護士等の情報として国民が強くその情報提供を望んでいる事項である。一般に専門分野といえるためには、特定の分野を中心的に取り扱い、経験が豊富でかつ処理能力が優れていることが必要と解されるが、現状では、何を基準として専門分野と認めるのかその判定は困難である。専門性判断の客観性が何ら担保されないまま、その判断を個々の弁護士等に委ねるとすれば、経験及び能力を有しないまま専門家を自称するというような弊害も生じるおそれがある。客観性が担保されないまま専門家、専門分野等の表示を許すことは、誤導のおそれがあり、国民の利益を害し、ひいては弁護士等に対する国民の信頼を損なうおそれがあるものであり、表示を控えるのが望ましい。専門家であることを意味するスペシャリスト、プロ、エキスパート等といった用語の使用についても、同様とする。

(2) 得意分野という表示は、その表現から判断して弁護士等の主観的評価にすぎないことが明らかであり、国民もそのように受け取るものと考えられるので、規程第3条第2号又は第3号に違反しないものとする。ただし、主観的評価であっても、得意でないものを得意分野として表示する場合は、この限りでない。

(3) 豊富な経験を有しないが取扱いを希望する分野として広告に表示する場合には、次に掲げる例のように表示することが望ましい。

ア 「積極的に取り組んでいる分野」

イ 「関心のある分野」

(4) 次に掲げる表示は、専門等の評価を伴わないものであって、規程第3条第2号及び第3号に違反しないものとする。

ア 「取扱い分野」

イ 「取扱い業務」

13 広告中に使用した場合、文脈によって問題となり得る用語

次に掲げる用語は、広告中に用いる場合には、文脈により、事実に合致しない広告、誤導又は誤認のおそれのある広告、誇大又は過度な期待を抱かせる広告等に該当することがあるので、これらの用語の使用については十分注意しなければならない。

(1) 「最も」、「一番」その他最大級を表現した用語

(2) 「完璧」、「パーフェクト」その他完全を意味する用語

(3) 「信頼性抜群」、「顧客満足度」その他実証不能な優位性を示す用語

(4) 「常勝」、「不敗」その他結果を保証又は確信させる用語

14　広告の方法、表示形態、場所等による規程第３条の解釈適用指針

広告媒体は、看板、新聞、電話帳等はもちろん、ポスター、電車、バス等の中吊り広告、新聞の折込み広告、インターネットのホームページ等のあらゆる媒体が広く利用できるものであり、媒体自体から直ちに一般的に禁止されるものはない。ただし、広告の方法、表示形態、場所等により規程第3条各号のいずれかに違反することがあり得るものとする。

15　広告の方法、表示形態、場所等が奇異、低俗等であるもの

第1号に規定する方法又は表示形態による広告の例、第2号に規定する場所における広告の例等奇異若しくは低俗なもの、派手すぎるもの、見る人に不快感を与えるもの等国民から見て弁護士等に相応しくないと思われる広告は、弁護士等の品位又は信用を損なうおそれのある広告として規程第3条第7号に違反するものとする。

⑴　次に掲げる方法又は表示形態による広告

ア　他人に不快感を与える拡声器で連呼する広告

イ　サンドイッチマン、プラカード等による弁護士等に対する国民の信頼を損なう広告

⑵　国民から見て品位や信用を求められる職種の広告場所として相応しくない例えば次に掲げる場所における広告

ア　風俗営業店内

イ　消費者金融業店内

16　点滅式灯火及びネオンサイン

点滅式灯火（短時間に点滅を繰り返す灯火をいう。）又はネオンサイン（ネオン管を利用した広告をいう。）は、設置場所、位置、大きさ、デザイン、色彩等、当該広告のなされている地域の固有の景観、街並み、周辺環境等との調和その他総合的な観点から、弁護士等に相応しいものであるか否かを個別的に判断するものとする。

17　テレビ、ラジオ等による広告

⑴　テレビ、ラジオ等による広告は、短時間で視聴者の感覚や感情に直接印象づける性格の媒体であって、情報量が十分でなく、そのため不正確な印象を強く視聴者に与えるおそれがあり、かつ、当該印象は是正が困難である等の問題点があることを考慮し、広告の表現内容について、事前に広告制作者及び出演者と十分に打ち合わせ、規程第3条各号に抵触しないようにすることが望ましい。

⑵　低俗又は社会的に非難を受ける番組等国民から見て弁護士に相応しくないと考えられる番組における広告は、広告内容自体が規程第3条各号に該当しない場合であっても、品位又は信用を損なうおそれがあるものとして、規程第3条第7号に違反するものとする。

18　新聞、雑誌等による広告

第14項の規定にかかわらず、次に掲げる媒体において広告することは、広告内容自体が規程第3条各号に該当しない場合であっても、品位又は信用を損なうおそれがあるものとして、規程第3条第7号に違反するものとする。

(1)　低俗な風俗雑誌

(2)　いわゆる総会屋その他の反社会的団体等が発行する新聞、雑誌等

19　屋内又は屋外での広告物の配布

屋内又は屋外で広告物を配布する行為は、不特定多数の人が出入りする屋内又は街頭、駅頭、道路等の屋外において、通行人等不特定多数の人に広告物を配布するものであるときは、その態様によって、弁護士等の品位又は信用を損なうおそれがあるものとして、規程第3条第7号に違反する場合があるものとする。

20　ダイレクトメール、新聞折込み広告及び戸別の投げ込み広告

(1)　ダイレクトメール、新聞折込み広告、戸別の投げ込み広告等を利用する場合においては、国民に対し、奇異な感情又は不快感を抱かせないよう格別に配慮するものとし、「広告お断り」とあるのに、その表示を無視して戸別の投げ込み広告を行うようなことは、プライバシー侵害とはいえない場合であっても、弁護士等の品位又は信用を損なうおそれがあるものとして、規程第3条第7号に違反するものとする。

(2)　面識のない者に対してダイレクトメールを送る場合には、これを受け取る者が不安を抱かないように、その住所及び氏名等の情報源を明示する等の配慮をすることが望ましい。

(3)　多重債務者リストその他の名簿等ダイレクトメールを発送するための宛先の情報源が偽りその他不正の手段により入手したものであるときは、弁護士等の品位又は信用を損なうおそれがあるものとして、規程第3条第7号に違反するものとする。

21　ファクシミリ通信等による広告

ファクシミリ通信等を用いた広告についても、一方的に面識のない者に送信等されるものであることに鑑み、国民に対し、奇異な感情又は不快感を抱かせないよう格別に配慮することが望ましい。

22　屋外広告物

(1)　この指針において、「屋外広告物」とは、常時又は一定の期間継続して屋外に表示されるものであって、建物その他の工作物等に掲出され、若しくは表示される次に掲げるもの又はこれらに類するものをいう。

ア　貼紙、ポスター又は貼札

イ　立て看板（土地等に固定して設置しているか否かを問わない。）

ウ　のぼり旗又は広告幕（懸垂幕等）

エ　広告板（照明装置の有無を問わない。）又は広告塔（屋上広告等）

オ　アーチ・アーケード、電柱又は街灯柱を利用したもの

カ　電車広告又は自動車広告

(2)　弁護士等は、屋外広告物により広告するときは、次に掲げる事項に留意しなければならない。

ア　屋外広告物は、美観風致の面から屋外広告物法（昭和24年法律第189号）及び観光立国推進基本法（平成18年法律第117号）並びにこれらに基づく各都道府県の条例により、安全性の面から道路交通法（昭和35年法律第105号）及び道路法（昭和27年法律第180号）により、防火・構造の面から建築基準法（昭和25年法律第201号）により、広告物又は広告物を掲出する物件の距離、間隔、高さ、面積、形状、色彩、素材、場所等が細かく規制されており、これらに違反するときは、法令に違反するものとして、規程第3条第6号に違反することとなること。

イ　屋外広告物法は、屋外広告物の表示の場所及び方法、広告塔、広告板等の掲出物件の設置又は維持について必要な規制基準を定め、この具体的な規制を都道府県の条例に委ねており、かつ、当該条例においては、知事等の許可が幅広く援用されていることから、屋外広告物を用いて広告をしようとする場合には、各都道府県ごとに規制が異なるので、あらかじめ規制の内容等を精査し、許可申請その他必要な手続を怠らないこと。

ウ　法令等に違反していない場合であっても、当該屋外広告物が、周囲の景観、街並み、自然環境等に照らして極端にそぐわない形態、色彩等である場合には、弁護士等の品位又は信用を損なうおそれがあるものとして、規程第3条第7号に違反すると判断される場合もあること。

第４　規程第４条の規定により表示できない広告事項と例外的に許される表示

１　規程第４条の解釈及び運用の指針

(1)　規程第4条の規定は、規程第3条の規定により禁止される典型的な広告事項を具体的に明示し、及び列挙したものであって、規程第4条の規定に掲げられていない広告事項であっても、規程第3条各号のいずれかに該当するときは、これを許容するものではないことに留意しなければならない。

(2)　規程第4条第2号から第4号までの規定については、ただし書に規定された除外事由に留意して解釈し、適用し、及び運用しなければならない。

２　規程第４条第１号─訴訟の勝訴率

訴訟事件の勝訴率を表示することは、誤導又は誤認のおそれのある広告に該当し、

規程第3条第2号に違反する例である。

3　規程第4条第2号─顧問先又は依頼者

(1)　顧問先又は依頼者は、弁護士及び外国法事務弁護士の守秘義務にかかる事項であり、顧問先又は依頼者をその同意なく表示することは、法令に違反する広告に該当し、規程第3条第6号に違反する例である。

(2)　規程第4条第2号ただし書の規定により顧問先又は依頼者の書面による同意がある場合において、顧問先又は依頼者を広告に表示する場合の顧問先又は依頼者は、単なる名目的な関係を有するのみのものであってはならず、誤導となるおそれがないような実質的な関係を備えているものでなければならない。

(3)　規程第4条第2号ただし書の書面による同意は、守秘義務に関して無用な争いが生じることを避けるため、同意の範囲、有効期限その他必要な事項を明示して得なければならない。

(4)　第2号に規定する場合において、過去の顧問先又は依頼者を表示する場合には、そのことを明示するなどして誤導にならないように配慮しなければならない。

4　規程第4条第3号─受任中の事件

(1)　受任中の事件は、弁護士及び外国法事務弁護士の守秘義務にかかる事項であり、当該事件の依頼者の同意なくこれを表示することは、法令に違反する広告に該当し、規程第3条第6号に違反する例である。

(2)　規程第4条第3号の「事件」とは訴訟事件に限らず、訴訟外の事件、交渉案件等弁護士等が受任中の事件全てを広く含むものであり、同号の「受任中」とは委任契約締結時から委任契約終了時（契約の目的となっている委任事務処理が終了し、金銭の清算等の一切の処理が完了した時点をいう。）までの期間をいう。

(3)　規程第4条第3号ただし書中依頼者の書面による同意がある場合は、依頼者に対する守秘義務に反することにならず、広告に受任中の事件の表示をすることが許される。守秘義務を負わない相手方については同意を得ることを要しない。

(4)　規程第4条第3号ただし書中依頼者が特定されない場合でかつ依頼者の利益を損なうおそれがない場合とは、例えば、集団訴訟事件で、原告団への加入を呼びかける必要があるにもかかわらず、依頼者が多数で既に委任を受けている依頼者の個別の同意を得るのが困難な場合等、依頼者が特定されることなく広告することが可能であり、かつ、依頼者の利益にも合致すると思われる場合をいう。この場合において、依頼者が特定されずかつ依頼者の利益を損なうおそれがない場合か否かについては、単に依頼者名が表示されていないというのみではなく依頼者が実際に特定されていないか等、個別具体的に判断するものとする。

(5)　前号の場合であっても、弁護士等は、依頼者の書面による同意を得るように努めるものとする。

5　規程第４条第４号―過去に取り扱い又は関与した事件

(1)　過去に取り扱い、又は関与した事件は、弁護士及び外国法事務弁護士の守秘義務にかかる事項であり、依頼者の同意なくこれを表示することは、前号と同様に法令に違反する広告に該当し、規程第3条第6号に違反する例である。

(2)　規程第4条第4号ただし書において、過去に取り扱い、又は関与した事件を広告に表示できるとされる次に掲げる場合のうち、ア及びウに掲げる場合については、同条第3号ただし書の規定と同様に解釈し、適用し、及び運用するものとする。

ア　依頼者の書面による同意がある場合

イ　広く一般に知られている事件で、かつ、依頼者の利益を損なうおそれがない場合

ウ　依頼者が特定されない場合で、かつ、依頼者の利益を損なうおそれがない場合

(3)　前号イの「広く一般に知られている事件」とは、既に判例集、新聞、雑誌等で広く公表されている事件であり、守秘義務違反となるおそれが低いものをいう。

第５　規程第５条及び第６条の規定による直接的な勧誘行為の禁止

1　規程第５条の趣旨

(1)　規程第5条第1項が面識のない者に対する訪問又は電話による広告を禁止したのは、次に掲げる事由により弁護士等の品位及び信用を害するものとして、規程第3条第7号に違反するものであるからである。

ア　当該広告の内容が弁護士等に関する一般的な情報の提供であったとしても、弁護士等が言葉巧みに勧誘すれば利用者が十分な考慮をする機会がないまま依頼することになるおそれがあること。

イ　面識のない弁護士等から直接訪問や電話を受けること自体が相手方に奇異な感情や不快感を生じさせることが多いと認められること。

(2)　規程第5条第2項が面識のない者に対する未承諾の電子メールによる広告を禁止したのは、特定商取引に関する法律（昭和51年法律第57号）第12条の3の規定の趣旨を敷衍したものであり、その趣旨は、前号と同様である。

2　規程第５条第１項ただし書―同項本文の適用除外

(1)　規程第5条第1項第1号が法律事務の依頼を希望する者から請求があった場合を、同項第2号（弁護士及び弁護士法人の場合に限る。）が弁護人選任権又は付添人選任権を有する者から請求があった場合を、それぞれ同条第1項本文の適用除外としている趣旨は、前項第1号ア及びイに掲げる事情が認められず、訪問又は電話をすることに正当性が認められるからである。

(2)　規程第5条第1項第3号（外国法事務弁護士及び外国法事務弁護士法人の場合は、第2号）の公益上の必要があるとして所属弁護士会の承認を得た場合の例は、

弁護士会が重大事件等であるとして本人又は弁護人若しくは付添人の選任権者からの請求がない場合において身体拘束を受けた被疑者若しくは被告人又は少年と接見させる場合に当該事件に関与する場合である。

3　規程第6条の趣旨

規程第6条が特定の事件の当事者及び利害関係者であって面識のないものに対して郵便その他のこれらの者を名宛人として直接到達する方法で、当該事件の依頼を勧誘する広告を禁止したのは、当該広告は、アンビュランス・チェイサーと呼ばれる者等、窮状に陥っている者に対しその窮状に乗じて事件をあさるという印象が強く持たれるものであり、当該当事者等に不快感を与えるおそれが高いばかりでなく、弁護士等の品位又は信用を損なうおそれが高いからである。

4　特定の事件の勧誘広告と一般的な広告とを区別する基準

(1)　規程第6条の「特定の事件」とは、特定の人について具体的に発生している法律問題をいい、紛争事件に限らないものとし、「勧誘広告」とは、特定の人に事件の依頼を働きかける広告をいう。

(2)　アに掲げる場合に該当し、又はイ若しくはウに掲げる場合に該当する場合であって、総合的に判断してアに掲げる場合に該当すると判断できるときは、特定の事件の勧誘広告に該当するものとする。

ア　広告の内容が具体的に発生している特定の事件を対象にしている場合

イ　配布先が具体的な事件の当事者及び関係者に限定され、又は主としてこれらの者になされている場合

ウ　具体的に発生している特定事件の発生時期と配布時期とが近接している場合

(3)　例えば、航空機の墜落事故が起こった直後、その事故の被害者や関係者に限定して、「交通機関の事故による損害賠償請求事件が得意であり、過去に航空機、船舶等の交通機関についての実績がある」ことを記載したダイレクトメールを送ることは、前号イ及びウに掲げる場合に該当し、広告の内容が当該事故と密接に関連した内容であることから、総合的に前号アに掲げる場合に該当すると判断できるので、特定の事件の勧誘広告に該当するものとする。

(4)　例えば、65歳以上の人を対象として、その人達に対し、遺言書の作成を勧誘する広告は、特定の事件を対象としていないので、第2号アからウまでのいずれの場合にも該当せず、特定の事件の勧誘広告に該当しないものとする。

(5)　例えば、「債務整理事件を扱います」との広告は、一般の人を対象にして行う場合にあっては特定の人に発生している特定の事件を対象とするものではなく、第2号アからウまでのいずれにも該当しないが、特定の多重債務者を対象として行う場合にあっては、延滞の有無にかかわらず、具体的に発生している特定の事件を対象とするものであって、第2号アからウまでに該当し、特定の事件の勧誘

広告に該当するものとする。

5　郵便等直接到達する方法の具体例

(1)　規程第6条が禁止する郵便又は特定の事件の当事者及び利害関係人で面識のない者を名宛人として直接到達する方法の例は、次に掲げるとおりとする。

ア　手紙、葉書、チラシ等の印刷物その他の広告物を郵便、宅配業者による配達、戸別の投げ込み等を利用して到達させ、又は直接交付すること。

イ　電報、ファクシミリ通信等により送信等すること。

(2)　特定事件の勧誘広告であっても、新聞、雑誌、インターネットのホームページ等により不特定多数の人々を対象とした広告方法は、規程第6条に規定する直接到達する方法での広告に該当しないものとする。

6　公益上の必要について

(1)　規程第6条ただし書が公益上の必要があるとして所属弁護士会の承認を得た場合を特定の事件の勧誘広告の除外事由としたのは、公害事件、多大な被害を伴う消費者被害事件等が発生した場合において、弁護士等の公益的な職責からこれらを看過することが不適切なときは、弁護士等の側から積極的に問題を提起し、被害者救済の観点から事件の掘り起こしを行っていく必要があるからである。

(2)　弁護士会は、公益上の必要があるか否かについては、前号の趣旨に沿って具体的に判断するものとする。この場合においては、弁護団への参加の呼びかけを新聞、雑誌、インターネットのホームページ等の広告により広範囲に行うことが可能であり、同様に被害者に対する呼びかけも容易であって、被害者も弁護団の存在を容易に知ることができることに鑑み、公益上の必要があると判断するのは、そのような方法では公益的な職責を果たし得ない等の事情がある場合に限られるものとする。

(3)　規程第6条ただし書の所属弁護士会の承認は、ダイレクトメールによる方法は認めるが訪問及び電話による方法は認めない等方法を限定し、又はその他の条件を付してすることができるものとする。

第6　規程第7条の規定による有価物等供与の禁止

1　規程第7条の趣旨

規程第7条が広告対象者に対して、社会的儀礼の範囲を超える有価物等を供与し依頼の勧誘を行うことを禁止したのは、弁護士等への依頼は、本来依頼者の自由な意思により行われるところ、社会的儀礼の範囲を超える有価物等の供与はこれを歪めるおそれがあり、かつ、このような手段を用いて依頼を勧誘することは弁護士等の品位を損なうことにつながるからである。

2　社会的儀礼の範囲内の有価物等の供与

規程第7条の有価物等の供与は、前項に規定する趣旨に鑑み、社会的儀礼の範囲内であれば許されるものとする。この場合において、社会的儀礼の範囲内であるか否かは、供与する当事者との関係、有価物等を供与する目的、供与する時期、供与する有価物等の相当性等から総合的に判断するものとする。

3　有価物等の供与に該当しない例

規程第7条の規定により禁止される有価物等の供与に該当しない例は、次の各号に掲げる種別に応じ、当該各号に定めるものとする。ただし、第2号に規定するテレホンカードを依頼者に平常供与し、又は街頭で不特定多数の人に交付する場合は、この限りでない。

(1)　顧客誘引が主たる目的とは認められずそもそも広告ではない例　友人の新築祝いに弁護士等の氏名（職務上の氏名を使用している者については、職務上の氏名を含む。）で記念品を送ること。

(2)　広告であるが社会的儀礼の範囲での有価物等の供与と認められる例　依頼者にお歳暮として事務所名が入った通常のカレンダーを送ること又は事務所の○○周年開設記念としてテレホンカードを依頼者に配布すること。

第7　規程第8条の規定による第三者の抵触行為に対する協力禁止

1　規程第8条の趣旨

規程第8条が、第三者が弁護士等の業務に関して規程に抵触する情報の伝達又は表示行為を行う場合に、弁護士等がこれに協力することを禁止したのは、弁護士等が自ら行うことと同視し得るからである。

2　第三者が行う規程に抵触する情報の伝達又は表示行為の例

規程第8条の規定による規制の対象となる第三者が行う規程に抵触する情報の伝達又は表示行為は、主として規程第3条及び第4条に抵触するものであって、その例は、次に掲げるとおりとする。

(1)　出版社その他の団体、個人等が発行する書籍、記事又はインターネット情報であって、事実に反し、又は誤認、誤導若しくは誇大広告のおそれのある「勝訴率100パーセント」等の内容を含む記載をしたもの

(2)　出版社等が発行する弁護士等のランク付けに関する記事であって、特定の弁護士等の優劣を論じる記載があるもの

3　規程第8条が禁止する行為

規程第8条が禁止する行為は、第三者が行う規程に抵触する情報の伝達又は表示行為に対して金銭その他の利益を供与し、又はこれに協力することであって、協力の方法については限定はないものとする。

4　金銭その他の利益の供与

規程第8条が禁止する「金銭その他の利益の供与」とは、第三者が行う規程に抵触する情報の伝達又は表示行為を援助し、又は助長するための金銭その他の利益の供与をいう。

5　協力

規程第8条が禁止する「協力」とは、第三者が行う規程に抵触する情報の伝達又は表示行為に関し、原稿を提供し、アンケートに回答し、インタビューに応答し、出版パーティーへ参加すること等をいう。

第8　規程第9条から第11条までに規定する広告についての責任

1　規程第9条―弁護士等の表示

(1)　規程第9条第1項及び第2項の趣旨

規程第9条第1項及び第2項が弁護士等の氏名（職務上の氏名を使用している者については、職務上の氏名をいう。弁護士法人及び外国法事務弁護士法人にあってはその名称及び主たる事務所の名称又は広告に係る従たる事務所の名称をいう。以下この項において同じ。）及び所属弁護士会（弁護士法人又は外国法事務弁護士法人が複数の弁護士会に所属するときは、主たる事務所の所在する地域において所属する弁護士会又は広告に係る従たる事務所の所在する地域において所属する弁護士会を表示することをもって足りる。以下この項において同じ。）を表示させることとしたのは、弁護士等の広告においては、事務所の名称又は弁護団その他の団体名を表示するだけでは当該広告の責任の所在が明確にならないので、これを明確にするためである。

(2)　所属弁護士会の表示

規程第9条第1項及び第2項が所属弁護士会を表示させることとしたのは、広告の内容につき利用者からみて不適正又は不審な点があるときに、弁護士会へ問い合わせる等により被害の発生を未然に防止する手がかりとなることを期待したものである。

(3)　規程第9条第3項の趣旨

規程第9条第3項が責任者の表示を1名で足りることとしたのは、事務所の所属弁護士等全員で広告を行う場合その他弁護士等が共同して広告を行う場合において、広告を行う弁護士等全員の氏名及び所属弁護士会を表示しなければならないとするのは場合によっては不可能を強いることになること、当該広告の責任の所在を明確にし、所属弁護士会に問い合わせることができるようにするためには責任者1名が表示されていれば足りること等が理由である。

(4)　責任者1名の表示

規程第9条第3項の規定により弁護士等が共同して広告する場合であっても、当該弁護士等のうち1名又は1法人の氏名又は名称及び所属弁護士会を表示することをもって足りるものとする。

(5) 社員の氏名の表示

規程第9条第2項の規定により弁護士法人又は外国法事務弁護士法人が表示される場合には、当該弁護士法人又は外国法事務弁護士法人の名称及び主たる事務所又は広告に係る従たる事務所の名称並びに所属弁護士会を表示しなければならないが、社員の氏名を表示することは要しない。

(6) ホームページにおけるバナー広告における氏名及び所属弁護士会の表示

ホームページにおけるバナー広告は広告に該当するが、バナー広告からアクセスし、必ず表示されるページにおいて当該広告の責任者である弁護士等の氏名及び所属弁護士会が表示されるときは、当該広告の責任の所在は明らかであるといえることから、バナー広告自体に責任者である弁護士等の氏名及び所属弁護士会が表示されることを要しない。

2 規程第9条の2―通信手段により受任する場合の広告記載事項

(1) 規程第9条の2の趣旨

規程第9条の2が電話、電子メールその他の通信手段により法律事務を受任する場合について広告をするときに規程第9条に規定する事項に加えて受任する法律事務の表示及び範囲、報酬の種類、金額、算定方法及び支払時期並びに委任契約が委任事務の終了に至るまで解除ができる旨及び委任契約が中途で終了した場合の清算方法を表示させることとしたのは、特定商取引に関する法律第11条が通信販売をする場合に広告をするときは、役務の対価、その支払時期及び方法、クーリングオフに関する事項等の表示を義務付けているところ、同法が弁護士自治に委ねて弁護士業務を適用除外としている趣旨に鑑み、同様の表示義務を置くこととし、ただし、クーリングオフについては弁護士業務に適用することは適当ではないものの、上記の範囲で委任契約の中途解約ができる旨等の範囲では必要と思料されることから、その範囲での表示義務に関する規定を置いたものである。

(2) 規程第9条の2各号の表示の例は、次に掲げるとおりとする。

ア 受任する法律事務の表示及び範囲の例 「貸金返還請求事件 訴訟(控訴審)」

イ 報酬の種類、金額、算定方法及び支払時期の例 「着手金 30万円・受任時一括払い、報酬金 甲（委任者）の得た経済的利益の12%・経済的利益の算定方法 乙（受任弁護士）の報酬基準に定める方法による・報酬金の支払時期 事件処理の終了時」

ウ 委任契約が委任事務の終了に至るまで解除ができる旨及び委任契約が中途で終了した場合の清算方法の例 「甲（委任者）及び乙（受任弁護士）は、委任事務が終了するまでの間、本委任契約を解除することができる。本委任契約に基づく事件処理が、解任、辞任等により中途で終了したときは、乙の処理の程度に応じて清算を行うものとし、処理の程度についての甲及び乙の協議結果に基づき、弁護士報酬の全部又は一部の返還又は支払を行うものとする。」

3　規程第10条―広告であることの表示

(1)　趣　旨

規程第10条が郵便又はこれに準ずる方法により、面識のない者に対し直接配布する広告物について広告であることを表示させることとしたのは、面識のない広告対象者に対して広告物を郵送等する場合は、これによって無用な心配をかけ、又はその閲覧を心理的に強制するおそれがあるため、広告であることを表示させることにより、開封しなくとも、外見から広告物であることがわかるようにするためである。

(2)　広告であることの表示の方法

広告であることの表示は、「広告」、「事務所報在中」、「事務所案内在中」等一見して弁護士等の広告であることが分かるようなものとし、封筒である場合にあってはその外側、封筒以外のものである場合にあってはその表側又は冒頭部分に行う等、分かりやすい箇所に行わなければならない。

(3)　暑中見舞い、年賀状等の時候の挨拶状について

暑中見舞い、年賀状等の時候の挨拶状は、面識のない者に対して配布する場合には、その内容、態様、方法等により顧客誘因が主たる目的とは認められない場合を除き、広告に該当するおそれが高いことに注意しなければならない。

4　規程第11条―広告の記録を保存する責任

(1)　趣旨

規程第11条が広告をした弁護士等に対し広告物又はその複製（電磁的記録によるものを含む。以下この項において同じ。）、写真等当該広告物に代わる記録及び広告をした日時、場所、送付先等の広告方法に関する記録並びに規程第4条第2号から第4号までに規定する同意を証する書面を当該広告が終了したときから3年間保存させることとしたのは、規程第12条第1項の規定により弁護士会から提出を求められたときに応じられるようにするためである。

(2)　広告物の保存の要領

広告物等の保存は、現物そのものを保存することを原則とし、次に掲げる要領に従って行うものとする。

ア　事務所案内、事務所報、案内チラシ等当該弁護士等の広告のみを紙に印刷した広告物は、当該広告物と同一の物を保存するものとする。

イ　電話帳広告、雑誌広告、新聞紙広告等当該弁護士等の広告以外のものも含ま

れている紙に印刷した広告物は、当該広告物が掲載され、若しくは掲示されている頁及び当該電話帳、雑誌、新聞紙等を特定できる表紙、奥書等の頁又はそれらの複製を保存するものとする。

ウ　立て看板、のぼり旗、広告幕、広告板、広告塔等物理的に保存に適しない広告物については、現物の状況が判るよう写真等によりその状況を保存すれば足りるものとする。

(3)　広告方法の記録の要領

広告物を実際に使用したときは、次の各号に掲げる広告物の種別に応じ当該各号に定める要領に従ってその時期、場所、広告方法等について記録しなければならない。

ア　送付に係る広告物　郵便、電子メール、直接配布、業者依頼配布等の区別、送付先及び送付年月日について記録するものとする。

イ　屋外広告物　立て看板、広告板等の当該屋外広告物の種類、掲示等をした場所及びその周囲の状況、掲示等の期間、当該屋外広告物の大きさ等を記録するものとする。

(4)　インターネットのホームページを利用した広告の保存又は記録

インターネットのホームページを利用した広告の保存又は記録をするときは、データ又はプリントアウトした印刷物を保存するものとする。ただし、頻繁に書き換えられる細目にわたる事項の変更については、変更の前後を通じて同一の広告とみなすものとし、重要な広告事項の変更があったとき又は画面の一新、掲載内容の大幅な変更若しくは改訂等により広告物として同一性を認めることができない変更があったときは、変更の前後のデータをいずれも保存するものとする。

(5)　暑中見舞い、年賀状等の時候の挨拶状について

暑中見舞い、年賀状等の時候の挨拶状は、前項第3号の場合において広告と認められる場合等を除き、原則として広告物に該当しないので、保存することを要しない。

第9　規程第12条の違反行為の排除等

1　規程第12条の趣旨等

(1)　規程第12条が弁護士会について広告に関する調査権限、規程第3条第1号に該当する疑いがあるときに事実に合致していることの証明を求め、及びその証明ができなかったときに同号に該当するとみなす権限、違反行為の中止等の命令等に関する権限及び弁護士等がその命令等に従わない場合等の公表に関する権限並びに他の弁護士会に対する通知の権限を、弁護士等に対して弁護士会の調査に対する協力義務を、並びに日本弁護士連合会及び弁護士会の相互協力義務を規定した

のは、違反広告に対し、所属の弁護士等に対する指導監督の権限及びその責任を有する弁護士会が有効に指導監督できる仕組みを設けることが必要であるからである。

(2) 規程第3条等に違反して広告をした場合、規程第12条第5項による違反行為の中止、排除等の命令に従わない場合等については、同条の規定による指導監督とは別に、会則等の違反、品位を失うべき非行等として懲戒の対象となり得ることに注意しなければならない。

2 規程第12条第1項及び第2項―弁護士会の調査権及び弁護士等の調査協力義務

(1) 弁護士会の調査権

弁護士会は、所属の弁護士等の広告が規程に違反する疑いがあると認めるときはもちろん、その前段階においても必要があると認めるときは、いつでも、当該弁護士等に対し、次に掲げる例による事実関係についての調査を行うことができる。

ア 規程第11条に規定する広告に関する記録の提出を求めること。

イ 広告の回数、広告に要した費用、その費用の捻出方法及び業務の具体的な処理方法（例えば、多重債務整理において利息制限法に引き直した利息計算がなされているか否か等）等の事実について当該弁護士等に対して照会し、又は事情聴取をすること。

(2) 弁護士等の調査協力義務

当該広告を行った弁護士等は、前号に規定する弁護士会による調査に対し協力しなければならない。

(3) 弁護士会による任意の調査

弁護士会は、第1号に規定する場合において、弁護士等以外の者に対して照会し、又は事情聴取を行う必要があると認めるときは、当該照会又は事情聴取を行うことができる。ただし、当該弁護士等以外の者の任意の協力の下に行われるものであることに十分留意して行わなければならない。

3 規程第12条第3項及び第4項―弁護士等の証明責任

(1) 広告の真実性の確保

弁護士等は、弁護士等の広告が国民に有益な情報を誠実に提供するものであることに鑑み、広告の真実性を確保しなければならない。

(2) 証明責任

広告が事実に合致しているかどうかの証明責任については、事実に合致しているかどうかは当該広告をした弁護士等が最もよく知るところであり、かつ、証明に関する資料も当該弁護士等が保有していることが通常であることに鑑み、当該広告をした弁護士等が負担するものとし、当該広告をした弁護士等は、弁護士会から求められたときは、事実に合致していることを証明しなければならない。

(3) 証明できないとき

弁護士会は、弁護士会から証明を求められた弁護士等が事実に合致していることを証明できないときは、規程第12条第4項の規定により当該広告が規程第3条第1号に該当するものとみなすことができる。ただし、その結果行い得るのは規程第12条第5項から第7項までに規定する措置等であって、それ以外の懲戒の手続等において直ちにみなし得るものではないことに留意しなければならない。

4 第12条第5項―違反行為に対する措置

(1) 違反行為に対する各措置の意義

弁護士会が規程第12条第5項の規定により規程に違反した所属の弁護士等に対して行うべき次の各号に掲げる命令又は措置の意義は、当該各号に定めるとおりとする。

ア 違反行為の中止の命令 現在継続している違反行為自体を止めさせることをいう。

イ 違反行為の排除の命令 既に配布した広告の回収等規程に違反した広告を除去し、原状回復をさせることをいう。

ウ 再発防止のための必要な措置 例えば、当該弁護士等に違反を行わない旨の誓約書の提出をさせる等再発防止のために必要と認められる一切の措置をいう。

(2) 弁明の機会

弁護士会は、前号ア若しくはイの命令その他の必要な事項の命令又は前号ウの措置のいずれかを行う場合においては、規程第12条第5項後段の規定により当該弁護士等に対し弁明の機会を与えなければならないが、これは、これらの命令又は措置が弁護士等に対し不利益を課すものであって、手続の公正を期する必要があるからである。この場合において、弁明の機会は、事前に与えなければならないものとする。

5 規程第12条第6項―違反行為に対する措置に関する公表

(1) 趣旨

規程第12条第6項が規程に違反した弁護士等が同条第5項の命令その他の措置に従わない場合又は当該行為の中止若しくは排除が困難な場合において当該命令その他の措置を採った事実及び理由の要旨を公表することができることとしたのは、当該違反広告による被害発生の防止を図るためである。

(2) 中止若しくは排除が困難な場合

規程第12条第6項の「当該行為の中止若しくは排除が困難な場合」とは、例えば電話帳広告のように、既に広告が広範囲に配布されていてその中止又は排除が事実上不可能であるとき等をいう。

(3) 被害発生防止のため特に必要があるとき

規程第12条第6項の「当該行為による被害発生防止のため特に必要があるとき」とは、当該広告による被害が発生することが予想され、これを放置できない事態が生じた場合等をいう。

(4) 公表の方法

規程第12条第6項の規定により行う公表の方法は、例えば弁護士会のホームページに掲載する等適宜の方法により行うものとする。

6 規程第12条第7項─所属弁護士会以外の弁護士会による通知

(1) 趣旨

規程第12条第7項が弁護士会が他の弁護士会の所属弁護士等について規程違反の事由があると思料するときに当該弁護士等の所属弁護士会に対しその旨を通知することができるとしたのは、弁護士等が広告を行う場所は所属弁護士会の地域内に限られているわけではなく、所属弁護士会の地域外において広告が行われる場合には、当該広告が規程に違反していても所属弁護士会がこれを察知できないことも考えられるからであり、違反広告を察知した弁護士会が当該広告を行った弁護士等の所属弁護士会に対して通知を行うことができる旨を確認したものである。

(2) 通知を受けた弁護士会の報告

規程第12条第7項の通知を受けた弁護士会は、これを端緒として、その事案に応じ、同条第1項の調査を行う等し、規程に違反すると認めるときは、広告を行った所属の弁護士等に対して同条第5項の措置をとり、又は懲戒の手続を行うこととなることから、同条第7項後段の規定により当該通知を行った弁護士会に対し、当該調査及び措置の内容（規程違反の事実がなく措置をとらなかったときは、その旨）を報告しなければならない。

7 規程第12条第8項─日本弁護士連合会と関係弁護士会間の協力義務

(1) 趣旨

規程第12条第8項が日本弁護士連合会及び弁護士会に対し違反行為の調査及びその排除等に関して相互に協力する義務を定めたのは、広告は本来的に広域的に実施されることが多く、違反行為の調査及び排除等については日本弁護士連合会及び弁護士会の間の協力体制が重要であることから、綱紀保持のための相互の協力体制に倣い、規程に違反し、又は違反するおそれがある広告に関係する弁護士会（以下「関係弁護士会」という。）の相互間において有効な方策を取ることができるようにするためである。

(2) 関係弁護士会の相互協力義務

関係弁護士会は、相互に協力義務を負うものとし、相互協力を行う事項の例は、次に掲げるとおりとする。

ア　規程に違反する行為に係る調査及び措置についての一般的な情報交換

イ　特定の弁護士等による広告についての情報収集、情報交換又は対応協議

ウ　規程に違反し、又は違反するおそれのある行為が所属弁護士会の地域外で行われたときに当該行為の行われた地域の弁護士会に調査を委嘱すること。

附　則

この指針は、平成24年3月15日から施行する。

附　則（平成26年12月18日改正）

題名、第1第1項、第2第2項第3号及び第3項第1号、第3第6項、第7項、第8項、第11項、第12項第1号及び第20項第2号、第4第3項第1号、第4項第1号及び第5項第1号、第5第1項第2号及び第2項、第8第1項及び第3項第2号並びに第9第3項第2号、第5項第1号及び第6項第1号の改正規定は、外国弁護士による法律事務の取扱いに関する特別措置法の一部を改正する法律（平成26年法律第29号）の施行の日から施行する。

（平成27年政令第414号で平成28年3月1日から施行）

附　則（平成30年1月18日改正）

第2第3項の改正規定は、平成30年1月18日から施行する。

6　弁護士情報提供ウェブサイトへの掲載に関する指針

（平成30年1月18日理事会議決）

1　目的

この指針は、弁護士情報提供ウェブサイトへの掲載に関し、弁護士情報提供ウェブサイトへの掲載は、国民にとっては弁護士等から法的サービスを受けるための必要な情報を得るために、弁護士等にとっては業務の充実に向けて、それぞれ重要なものとなっている一方、弁護士等が注意を怠れば基本規程第11条等に違反することとなるおそれが高いことから、弁護士情報提供ウェブサイトへの掲載が基本規程に違反することとなるような場合を明らかにしてこれを防止し、かつ、弁護士会が適切な指導及び監督を行うことができるようにすることを目的とする。

2　定義

この指針において、次の各号に掲げる用語の意義は、それぞれ当該各号に定めるところによる。

⑴　弁護士等　弁護士及び弁護士法人並びに外国法事務弁護士及び外国法事務弁護士法人をいう。

⑵　弁護士情報　弁護士等の氏名又は名称、業務内容、連絡先その他の弁護士等の業務に係る情報をいう。

⑶　弁護士情報提供ウェブサイト　弁護士情報を、インターネットを利用して市民（法人等の団体を含む。）が閲覧することができる状態に置いてこれを掲載しているウェブサイトをいう。

⑷　弁護士情報提供ウェブサイトへの掲載　弁護士等が弁護士情報提供ウェブサイトに自己の弁護士情報を掲載する行為をいう。

⑸　情報提供事業者　弁護士情報提供ウェブサイトの開設、運営等をする事業者その他の者をいう。

⑹　閲覧者　弁護士情報提供ウェブサイトにアクセスして閲覧し、又は閲覧しようとする者をいう。

⑺　掲載弁護士　弁護士情報提供ウェブサイトに自己の弁護士情報を自ら掲載している弁護士等をいう。

⑻　基本規程　弁護士職務基本規程（会規第70号）及び外国法事務弁護士職務基本規程（会規第100号）をいう。

⑼　法　弁護士法（昭和24年法律第205号）をいう。

⑽　周旋　法第72条に規定する周旋であって、依頼を受けて、法律事件の当事者と鑑定、代理、仲裁、和解等の法律事務をなす者との間に介在し、両者間におけ

る委任関係その他の関係成立のための便宜を図り、その成立を容易ならしめる行為をいう。

(11) 報酬目的　法第72条に規定する報酬を得る目的をいう。

3 弁護士情報提供ウェブサイトにおける紹介と法第27条及び基本規程第11条との関係

(1) 情報提供事業者が次のア又はイに掲げる者であるときは、その弁護士情報提供ウェブサイトにより依頼者の紹介を受けることは、当該ア又はイに定める規定に違反することとなることに留意するものとする。

ア　報酬目的で法律事件に関して法律事務の周旋を業として法第72条に違反する者であるとき　法第27条

イ　アに掲げる者とまで認められない場合であっても、法第72条に違反すると疑うに足りる相当な理由のある者と認められるとき　基本規程第11条

(2) 周旋について

弁護士情報提供ウェブサイトが次のアからエまでのいずれかに該当するときには、周旋をし、又は周旋をしていると疑うに足りる相当な理由があると認められるものとする。

ア　提供される弁護士情報の内容について、あらかじめ明示された客観的な検索条件に基づくことなく、情報提供事業者の判断により選別・加工を行うとき。

イ　情報提供事業者から、閲覧者又は掲載弁護士に対し、弁護士情報（当該情報に基づき提供される法律事務に関する情報を含む。）に係る連絡（全てオンライン上で行う場合を含む。）を、次に掲げる例のような方法で行うとき。

(ア) 情報提供事業者が、閲覧者又は掲載弁護士に連絡を行い、法律相談、事件の受任その他の法律事務の提供の勧奨、面接日時の調整、情報の追加的提供等を行うとき。

(イ) 情報提供事業者が、閲覧者からの相談等の内容を一旦受けて、これを掲載弁護士の選定の用に供するとき。

ウ　閲覧者と掲載弁護士との間の意思疎通を弁護士情報提供ウェブサイトを介して中継する場合に、当該意思疎通のための通信の内容に加工を行うものであるとき。ただし、当該弁護士情報提供ウェブサイト上において、閲覧者又は掲載弁護士が当該弁護士情報提供ウェブサイトを経由して電子メールを送信することにより直接オンライン上で法律相談若しくは打合せの日時の設定その他の連絡又は法律相談等の法律事務の提供そのものに係る連絡ができる仕組み（当該電子メールについて情報提供事業者がフォームを定め、閲覧者又は掲載弁護士が当該フォームに必要事項を順次入力して作成する方式による場合を含む。）を設けるに過ぎない場合には、ただちに周旋に該当するとは評価しないものと

する。

エ　アからウまでに掲げるもののほか、情報提供事業者が弁護士等又は依頼者を紹介する旨表示して閲覧者又は掲載弁護士を募っている場合その他情報提供事業者による宣伝広告の内容、情報提供事業者と閲覧者又は掲載弁護士との間の契約内容等から実質的に判断して、その弁護士情報提供ウェブサイトが閲覧者又は掲載弁護士に弁護士等又は法律事務取扱いを紹介するものと認められる場合であって、インターネットによる弁護士情報提供はその一部として行われているものと認められるとき。

(3)　報酬目的について

ア　次の(ア)から(ウ)までのいずれかの事情がある場合における弁護士情報提供ウェブサイトによる弁護士等の紹介は、報酬目的がある、又はあると疑うに足りる相当な理由があると認められるものとする。

(ア)　情報提供事業者が、閲覧者から金銭その他の利益を受領するものであるとき。

(イ)　弁護士情報提供ウェブサイトが前号アからエまでのいずれかに該当する場合において、情報提供事業者が、当該弁護士情報提供ウェブサイトへの掲載に関し、掲載弁護士から金銭その他の利益を受領するものであるとき。

(ウ)　情報提供事業者が、当該弁護士情報提供ウェブサイトへの掲載に関し、掲載弁護士から受領する金銭その他の利益について、次に掲げる事情があるとき。

a　掲載弁護士が紹介を受けた事件数に応じて算定される場合

b　掲載弁護士が紹介を受けた事件に係る法律相談料、着手金、報酬金、手数料その他の弁護士報酬の額に応じて算定される場合

イ　アの規定にかかわらず、情報提供事業者が受領する金銭その他の利益が周旋の対価でないと認められる特段の事情がある場合は、報酬目的がある、又はあると疑うに足りる相当な理由があるとは認められないものとする。この場合において、周旋の対価でないと認められるか否かについては、次に掲げる事情その他の事情を総合的に判断するものとする。

(ア)　弁護士情報提供ウェブサイトへの登録、掲載等の期間及びこれに要するスペース、容量等に従い客観的かつ定額的に決まる登録、掲載等の対価にとどまるものであるか否か。

(イ)　(ア)に規定する登録、掲載等の対価にとどまるものである場合であっても、情報提供事業者による宣伝広告の内容、情報提供事業者と閲覧者又は掲載弁護士との間の契約内容等から当該弁護士情報提供ウェブサイトが閲覧者又は掲載弁護士に弁護士等又は法律事務取扱いを紹介するものと認められる程度

の強さ及びそれと当該金銭その他の利益との関連性が認められるか否か。

(ウ) 弁護士情報提供ウェブサイトにおける登録、掲載等情報提供のみに係る対価の金額の水準との比較

4　弁護士情報提供ウェブサイトと基本規程第12条及び第13条第1項との関係

弁護士情報提供ウェブサイトにおける弁護士等の紹介行為に関し、前項の規定により基本規程第11条に違反するものと認められないときであっても、情報提供事業者が掲載弁護士から受領する金銭その他の利益について次の各号に掲げる事情があるときは、それぞれ当該各号に定める規定に違反するおそれがあることに留意するものとする。

(1) 次のア又はイに掲げるいずれかの事情があるとき 基本規程第12条

ア　当該情報提供事業者と掲載弁護士との間の契約内容等から掲載弁護士が弁護士等の報酬を情報提供事業者との間で分配するものと認められる事情があるとき。

イ　当該情報提供事業者と掲載弁護士との間の契約内容等にかかわらず、掲載弁護士が情報提供事業者と弁護士等の報酬を分配したとき。

(2) 次のア又はイに掲げるいずれかの事情があるとき　基本規程第13条第1項

ア　当該情報提供事業者と掲載弁護士との間の契約内容等から掲載弁護士が情報提供事業者に対し依頼者の紹介を受けたことに対する謝礼その他の対価を支払うものと認められる事情があるとき。

イ　当該情報提供事業者と掲載弁護士との間の契約内容等にかかわらず、掲載弁護士が情報提供事業者に対し依頼者の紹介を受けたことに対する謝礼その他の対価を支払ったとき。

5　弁護士情報提供ウェブサイトへの掲載と業務広告に関する規制との関係

弁護士情報提供ウェブサイトへの掲載は、この指針に規定するもののほか、業務広告に該当する場合には、弁護士等の業務広告に関する規程（会規第44号）及び外国法事務弁護士等の業務広告に関する規程（会規第45号）並びに業務広告に関する指針（平成24年3月15日理事会議決）に違反するものであってはならないことに留意するものとする。

附　則

この指針は、平成30年1月18日から施行する。

7　債務整理事件処理の規律を定める規程

（平成23年2月9日会規第93号）

改正　平成27年12月4日
令和3年3月5日

（目的）

第1条　この規程は、過払金返還請求事件を含む債務整理事件が多量に生じている状況において、債務整理事件について一部の弁護士（弁護士法人を含む。第7条を除き、以下同じ。）によって不適切な勧誘、受任及び法律事務処理並びに不適正かつ不当な額の弁護士報酬の請求又は受領がなされているとの批判があることに鑑み、臨時の措置として、債務整理事件の勧誘、受任及び法律事務処理に関して弁護士が遵守すべき事項を定めるとともに、主として過払金返還請求事件における弁護士報酬の額を適正化し、もって弁護士に対する国民の信頼の確保及び依頼者の利益の擁護を図ることを目的とする。

（定義）

第2条　この規程において、次の各号に掲げる用語の意義は、当該各号に定めるところによる。

一　債務者　金融業者に対して債務を負担する個人又は次に掲げるいずれかの会社であって、第5号に掲げる債務整理事件を弁護士に依頼し、又は依頼しようとする者をいう。ただし、総債権者に対する債務（住宅の建設若しくは購入に必要な資金（住宅の用に供する土地又は借地権の取得に必要な資金を含む。）又は住宅の改良に必要な資金の貸付けに係る分割払の定めのある債権であって、当該債権又は当該債権に係る債務の保証人（保証を業とする者に限る。）の主たる債務者に対する求償権を担保するための抵当権が住宅に設定されているものに係る債務を除く。）の総額が5千万円を超える者を除く。

イ　工業、鉱業、運送業その他の業種（商業又はサービス業を除く。）に属する事業を主たる事業として営む会社であって、常時使用する従業員の数が20人以下のもの

ロ　商業又はサービス業に属する事業を主たる事業として営む会社であって、常時使用する従業員の数が5人以下のもの

二　債権者　債務者に対して債権を有するとみられる者をいう。

三　任意整理事件　債権者が債務者に対して有するとみられる債権について、弁済の額、方法等について裁判外で債権者と交渉をして処理する事件をいい、債権者

との取引について、利息制限法（昭和29年法律第100号）が定める利息の利率による引直し計算をした結果、債務者が、債権者に対して債務を負担しないこととなる場合及び第6号に規定する過払金債権を有することとなる場合の事件を含む。

四　非事業者等任意整理事件　任意整理事件のうち、弁護士が受任する時点において、当該任意整理事件において処理すべき法律事務が次条及び第4条に規定する事務のほかには、第10条第1項第2号イからトまでに掲げるものにほぼ尽きると予想される事件をいう。

五　債務整理事件　債務者に係る任意整理事件、破産手続開始申立事件、民事再生手続開始申立事件、特定調停申立事件及びこれらに類する事件（任意整理事件に付随して特定調停申立て等を行う場合を含む。）をいう。

六　過払金返還請求事件　債権者との取引について、利息制限法が定める利息の利率による引直し計算をした結果、弁済すべき金額を超えて支払った金額（以下「過払金」という。）が生じることとなった債務者が、当該債権者に対してその返還請求を行う事件をいう。

七　弁護士報酬　弁護士がその職務の対価として受ける報酬をいう。

八　着手金　弁護士報酬のうち、弁護士が、事件又は法律事務の性質上、委任事務処理の結果に成功不成功があるものについて、その結果のいかんにかかわらず受任時に受けるべき委任事務処理の対価をいう。

九　報酬金　弁護士報酬のうち、弁護士が、事件又は法律事務の性質上、委任事務処理の結果に成功不成功があるものについて、その成功の程度に応じて受ける委任事務処理の対価をいう。

(聴取すべき事項等)

第3条　弁護士は、債務整理事件を受任するに当たっては、あらかじめ、当該事件を受任する予定の弁護士（複数の弁護士が受任する予定である場合にあっては少なくともそのうちのいずれか1人を、弁護士法人が受任する予定である場合にあっては当該弁護士法人の社員又は使用人である弁護士のうち少なくともいずれか1人をいう。）が、当該債務者と自ら面談をして、次に掲げる事項を聴取しなければならない。ただし、面談することに困難な特段の事情があるときは、当該事情がやんだ後速やかに、自ら面談をして、次に掲げる事項を聴取することで足りる。

一　債務の内容

二　当該債務者（当該債務者と生計を同じくする家族があるときは、当該家族を含む。）の資産、収入、生活費その他の生活状況

三　当該債務者が不動産を所有している場合にあっては、その処理に関する希望

四　前号に掲げるもののほか、当該債務整理事件の処理に関する意向

2　弁護士は、前項ただし書に規定する特段の事情がある場合であっても、電話、書面、ファクシミリ、電子メールその他の適当な通信手段により、又は同居の親族を介するなどして、前項に掲げる事項を把握した上で受任しなければならない。この場合においては、当該弁護士が面談して聴取を行う場合と変わらない程度に、当該事項を的確に把握することができるように努める。

3　第1項の面談は、債務者ごとに行わなければならない。ただし、当該債務整理事件の債務者及び当該債務整理事件に関連する他の債務整理事件の債務者について、その両者と同時に面談することが必要な場合その他特別な事情があるときは、この限りでない。

（事件処理方針等及び不利益事項の説明）

第4条　弁護士は、債務整理事件を受任するに際し、事件処理の方針及び見通し、弁護士報酬及びその他の費用（以下「弁護士費用」という。）並びに当該方針に係る法的手続及び処理方法に関して生じることが予想される次に掲げる事項その他の不利益事項の説明をしなければならない。

一　破産手続を選択したときは、法令の定めによる資格等の制限により当該債務者が就くことのできない職業があること。

二　当該債務者が信用情報機関（資金需要者の借入金返済能力に関する情報の収集及び金融機関に対する当該情報の提供を行うものをいう。）において借入金返済能力に関する情報を登録され、金融機関からの借入れ等に関して支障が生じるおそれのあること。

三　当該債務者が所有している不動産等の資産を失う可能性があること。

2　前項の説明は、前条に規定する聴取を行った弁護士において、自ら、当該聴取に引き続いて行わなければならない。

3　前項の規定にかかわらず、第1項の説明は、前条に規定する聴取を行った弁護士の同席の下で、他の受任弁護士（弁護士法人が受任する場合にあっては、当該弁護士法人の社員又は使用人である弁護士であって、前条に規定する聴取を行った弁護士以外の弁護士をいう。以下この条において同じ。）において行うことができる。

4　第2項の規定にかかわらず、第1項の説明は、前条に規定する聴取に引き続いて行うに十分な時間が不足するときその他正当な理由がある場合は、当該聴取後、遅滞なく、当該聴取を行った弁護士において、自ら行うことができる。ただし、当該弁護士と十分な意思疎通を図った上で他の受任弁護士において説明することを妨げない。

5　前項の場合において、当該債務者が面談によらないで説明を受けることを希望するときは、電話、書面、ファクシミリ、電子メールその他の適当な通信手段を用いて説明をすることができる。この場合においては、当該弁護士が面談して行う場合と同じ程度に当該債務者が説明を理解することができるように努める。

（弁護士費用の説明等）

第5条 弁護士は、前条の規定により弁護士費用について説明をするに当たっては、債務者に弁護士費用に関する誤解が生じないようにし、かつ、自らの弁護士報酬の額が適正かつ妥当であることの理解を得るよう努める。

2 弁護士は、弁護士費用に関する事項を委任契約書に記載するに当たっては、当該債務者に弁護士費用に関する誤解が生じないように努める。

（民事法律扶助制度の説明）

第6条 弁護士は、債務整理事件を受任するに際しては、事案に応じ、当該債務者の経済生活の再生の観点から必要かつ相当と認められる場合には、法律扶助制度その他の資力の乏しい者の権利保護のための制度を説明し、当該債務者が当該制度の利用を希望するときは、その利用が可能となるように努める。

（受任弁護士等の明示等）

第7条 債務整理事件を受任した弁護士又は弁護士法人は、当該債務者に対し、速やかに、弁護士にあっては氏名（職務上の氏名を使用している者については、職務上の氏名をいう。以下同じ。）及び法律事務所の所在場所（法律事務所に名称がある場合にあっては、その名称を含む。以下同じ。）を、弁護士法人にあっては当該弁護士法人の社員（弁護士法（昭和24年法律第205号）第30条の14の規定に基づき当該債務整理事件について業務を担当する社員を指定した場合にあっては、当該社員）又は使用人である弁護士の氏名及び当該社員又は使用人である弁護士が所属する法律事務所の所在場所を明示しなければならない。

2 前項の規定による明示は、弁護士及び弁護士法人が債務整理事件を共同受任した場合には、受任した全ての弁護士及び弁護士法人が、その明示すべき全ての事項について、共同してしなければならない。

3 債務整理事件を受任した弁護士又は弁護士法人が復代理人を選任したときは、当該債務者に対して、選任後速やかに、当該復代理人の氏名、法律事務所の所在場所及び所属弁護士会を、書面、ファクシミリ、電子メールその他これらに類する適当な方法により通知しなければならない。

4 債務整理事件の復代理人に選任された弁護士は、選任後速やかに、当該債務者に対して、前項の方法によりその旨を通知しなければならない。ただし、前項の規定による通知が復代理人との連名によるものであるときは、この限りでない。

（過払金返還請求事件の受任等に関する規律）

第8条 弁護士は、債務者から過払金返還請求事件の依頼を受けるに当たっては、当該債務者が負担している他の債務の有無、内容及び件数を確認し、当該債務者が負担する全ての債務に関する事項を把握するように努める。債務者から過払金返還請求事件の依頼を受けて事件処理を行っている間に、当該債務者が他の債務を負担していると思料される事情があることを知ったときも、同様とする。

2　弁護士は、債務者が負担している他の債務があることを知りながら、当該他の債務についての債務整理事件の依頼を受けずに過払金返還請求事件のみの依頼を受けてはならない。ただし、弁護士が当該他の債務について債務整理を行わない場合に生じる可能性のある不利益について説明し、その説明を受けても当該債務者が当該他の債務についての債務整理事件を依頼することを希望せず、かつ、その理由が不当な目的に基づくものではないと認められるときは、この限りでない。

（任意整理事件の弁護士報酬）

第9条　弁護士は、次条から第16条までの規定に反して、任意整理事件の弁護士報酬を請求し、又は受領してはならない。

2　次条から第16条までに規定する弁護士報酬の額には、消費税額を含まないものとする。

（任意整理事件の着手金）

第10条　弁護士は、任意整理事件を受任するに際して着手金について定めるときは、弁護士の報酬に関する規程（会規第68号）第2条に規定する事情のほか、次に掲げる事情に照らして適正かつ妥当な金額としなければならない。

一　第3条第1項第2号に掲げる事項

二　当該事件において処理すべき法律事務が、第3条及び第4条に規定する事務のほかには、次に掲げるものにほぼ尽きると予想されるか否か。

イ　債権者に対し、事件を受任したことを通知し、取引履歴の開示を要求すること（債務者及びその家族、保証人等の関係者への請求を差し控えるよう要求すること並びに違法行為を行っている債権者に対して支払の拒絶を通知することを含む。）。

ロ　債権者との取引について利息制限法が定める利息の利率による引直し計算を行うこと。

ハ　ロの引直し計算の方法について債権者と交渉をすること。

ニ　ロの引直し計算をした結果（ハの交渉を経た場合を含む。）、債務者が負担することが明らかとなった債務について、主に債務者の将来の収入を弁済原資として、債権者との間で分割弁済の交渉をして裁判外で和解をすること。

ホ　ニに掲げる事務の結果成立した和解に基づく弁済の送金代行を受任する場合にあっては、当該事務を行うこと。

ヘ　過払金の返還請求を裁判上又は裁判外で行い、それを回収すること。

ト　第3条及び第4条に規定する事務並びにイからヘまでに掲げる事務に通常付随して行われる事務

2　弁護士は、受任した非事業者等任意整理事件については、次に掲げる場合その他の特段の事情がある場合であって、受任の際に定めた着手金の額が不相応となったときを除き、着手金を追加して請求し、又は受領してはならない。

一　債権者の数が着手金の金額を定めた時までに債務者から申告されていた数よりも増えたとき。

二　債権者からの請求訴訟に応訴し、又はその他の法的手続に対処して代理人となるとき。

三　受任の際に予想されなかった法律事務処理が必要となり、かつ、当該法律事務処理に相当の時間又は労力を必要とするとき。

四　第3条若しくは第4条に規定する事務又は前項第2号イからトまでに掲げる事務の処理に、受任の際に予想された程度を著しく超えて時間又は労力を必要とするとき。

3　弁護士は、任意整理事件の着手金を受領している場合には、当該事件の債権者に過払金返還請求をすることについて別に着手金を請求してはならない。ただし、次に掲げる場合は、この限りでない。

一　過払金返還請求訴訟を提起する場合であって、その被告となるべき者が過払金の返還に応じない理由に相応の

合理性があるとき。

二　過払金返還請求訴訟の判決に対して上訴を提起する場合

三　過払金返還請求訴訟の被告であった者に上訴を提起された場合

四　過払金返還請求権についての債務名義に基づき強制執行を申し立てる場合

（個別事務手数料等の規制）

第11条　弁護士が、非事業者等任意整理事件について着手金を請求し、又は受領しているときは、前条第1項第2号イからトまでに掲げる個別の事務の処理（同号ホに掲げる事務の処理を除く。）に関して、着手金、手数料その他名目のいかんを問わず弁護士報酬（次条に規定する報酬金を除く。）を請求し、又は受領してはならない。

（非事業者等任意整理事件の報酬金）

第12条　この条から第15条までにおいて、次の各号に掲げる用語の意義は、当該各号に定めるところによる。

一　解決報酬金　第10条第1項第2号ニの和解が成立したこと又は債権者からの請求を事実上免れるに至ったことについての報酬金であって、経済的利益に応じて算定する方式を採らないもの

二　減額報酬金　弁護士が受任した時点で債権者が主張していた債務について、それを減額させ、又は免れさせた場合に、その減額され、又は免れた債務の金額を経済的利益として、その経済的利益に応じて算定される報酬金

三　過払金報酬金　過払金を回収した場合に、その過払金の金額を経済的利益として、その経済的利益に応じて算定される報酬金

2　弁護士は、前項各号の報酬金のほか、非事業者等任意整理事件についての報酬金を請求し、又は受領してはならない。

3　弁護士は、非事業者等任意整理事件の報酬金の金額が、第1項各号の報酬金として次条から第15条までの規定に従って算出した場合における上限の金額の合計額を超えないときは、前項の規定にかかわらず、報酬金を請求し、又は受領することができる。

（解決報酬金）

第13条　弁護士は、非事業者等任意整理事件について解決報酬金を請求し、又は受領するときは、その金額を、債権者1人当たり、5万円を超えない範囲内で規則で定める上限の金額を超える金額としてはならない。

（減額報酬金）

第14条　弁護士は、非事業者等任意整理事件について減額報酬金を請求し、又は受領するときは、その金額を、減額され、又は免れた債務の金額を経済的利益として、当該経済的利益に、10パーセント以下の範囲内で規則で定める割合を乗じた金額を超える金額としてはならない。

（過払金報酬金）

第15条　弁護士は、非事業者等任意整理事件について過払金報酬金を請求し、又は受領するときは、その金額を、回収した過払金の金額を経済的利益として、当該経済的利益に、25パーセント以下の範囲内で規則で定める割合を乗じた金額を超える金額としてはならない。

（送金代行についての手数料）

第16条　本会は、弁護士が任意整理事件で成立した和解に基づき割賦金を債権者に支払うことを代行する場合の手数料について、規則で定めるところにより、債務者の利益を図る目的で、その金額、算定方法その他必要な規制をすることができる。

（事件処理報告に関する規律）

第17条　弁護士は、受任した破産手続開始申立事件及び民事再生手続開始申立事件について、裁判所から決定書その他これに準ずる書類を受領したときは、速やかに、その原本又は写しを債務者に交付しなければならない。

2　弁護士は、受任した債務整理事件（破産手続開始申立事件及び民事再生手続開始申立事件を除く。）について、和解契約書、調停調書その他の法律事務処理の結果を示す文書を作成し、又は受領したときは、遅滞なく、その原本又は写しを債務者に交付しなければならない。

3　弁護士は、受任した債務整理事件に関し、債権者が開示した取引履歴その他の重要な事項について報告又は説明をするときは、債務者に対し、自ら面談し、又は書面、ファクシミリ、電子メールその他これらに類する適当な方法によって行わなければならない。この場合においては、必要に応じて、当該事項に関して受領した文書、第2条第3号の引直し計算をした結果が記された書面その他の資料を示さなければならない。

4　弁護士は、受任した過払金返還請求事件について、過払金の返還を受けたときは、債務者に速やかに報告し、清算方法を協議した上、清算の結果を書面により報告しなければならない。

（広告に関する規律）

第18条 弁護士は、債務整理事件に関する業務広告を行うときは、債務整理事件に係る報酬の基準を表示するように努める。

2　弁護士は、債務整理事件に関する業務広告を行うときは、依頼を受けるに際して受任する弁護士と面談する必要があることを表示するように努める。

3　弁護士は、専ら過払金返還請求を取り扱う旨を表示する等債務者が負担している他の債務の処理を行わずに過払金返還のみを行うことに不利益がないかのように誤認又は誤導するおそれのある業務広告を行ってはならない。

（解釈適用）

第19条　この規程は、弁護士の職務が本来多様性と個別性を有することに鑑み、弁護士の債務整理事件処理を不当に萎縮させることのないよう実質的に解釈し、適用しなければならない。

附　則

1　この規程は、平成23年4月1日から施行する。

2　この規程の施行の際現に受任している債務整理事件の処理に関する事項については、なお従前の例による。

3　この規程は、この規程の施行の日から起算して15年を超えない範囲内において理事会で定める日に、その効力を失う。

附　則（平成27年12月4日改正）

附則第3項の改正規定は、平成27年12月4日から施行する。

附　則（平成26年12月5日会規第102号（平成27年12月4日一部改正）
外国法事務弁護士法人制度創設に係る外国弁護士による法律事務の取扱いに関する特別措置法の一部改正に伴う会規（外国特別会員関係を除く。）の整備に関する規程　第1条、第7条、第8条、第19条改正）抄

第1条　この規程は、外国弁護士による法律事務の取扱いに関する特別措置法の一部を改正する法律（平成26年法律第29号）の施行の日から施行する。

（平成27年政令第414号で平成28年3月1日から施行）

附　則（令和3年3月5日改正）

附則第3項の改正規定は、令和3年3月5日から施行する。

8 法律事務所等の名称等に関する規程

（平成18年3月3日会規第75号）

改正 平成20年12月5日
同 26年5月30日
同 26年12月5日

目次

第1章 総則（第1条・第2条）
第2章 弁護士の法律事務所の名称等（第3条―第10条の2）
第3章 弁護士法人及びその法律事務所の名称等（第11条―第20条）
第4章 違反行為に対する措置（第21条・第22条）
第5章 雑則（第23条）
附則

第1章 総則

（目的）

第1条 この規程は、弁護士及び弁護士法人の法律事務所の名称並びに弁護士法人の名称に関する事項を定めることを目的とする。

（定義）

第2条 この規程において、次の各号に掲げる用語の意義は、当該各号に定めるところによる。

一 事務所名称 弁護士又は弁護士法人の法律事務所の名称をいう。
二 法人名称 弁護士法人の名称をいう。
三 社員等 弁護士法人の社員又は使用人である弁護士をいう。
四 共同事務所 複数の弁護士、弁護士法人、外国法事務弁護士又は外国法事務弁護士法人が共にする事務所（一の弁護士法人の法律事務所及び一の外国法事務弁護士法人の事務所を除く。）をいう。
五 外国法共同事業 外国弁護士による法律事務の取扱いに関する特別措置法（昭和61年法律第66号）第2条第15号に規定する外国法共同事業をいう。

第2章 弁護士の法律事務所の名称等

（「法律事務所」の文字使用）

第3条 弁護士は、その法律事務所に名称を付するときは、事務所名称中に「法律事務所」の文字を用いなければならない。

2　前項の規定は、外国法事務弁護士に雇用される弁護士及び弁護士法人又は外国法事務弁護士法人の使用人である弁護士には、適用しない。

（使用文字）

第4条　弁護士の事務所名称には、規則で定めるところにより、日本文字のほか、ローマ字、アラビア数字その他の符号を用いることができる。

（同一名称の禁止）

第5条　弁護士は、所属弁護士会の地域内にある他の弁護士又は弁護士法人の事務所名称と同一の名称をその事務所名称としてはならない。ただし、次に掲げる場合は、この限りでない。

一　自己の氏又は氏名（職務上の氏名を使用している者については、職務上の氏名の氏又は職務上の氏名をいう。以下同じ。）のみを用いる場合

二　共同事務所の他の弁護士（当該共同事務所の弁護士であった者で、その共同事務所に所属していた期間中に、弁護士法（昭和24年法律第205号）第17条第2号又は第4号の規定により弁護士名簿の登録を取り消されたものを含む。次号において同じ。）の氏又は氏名のみ（複数の氏又は氏名を列記する場合に、当該氏又は氏名に加えて、規則で定めるところにより使用が許される符号を用いるときを含む。）を用いる場合

三　自己の氏又は氏名及び共同事務所の他の弁護士の氏又は氏名のみ（当該氏又は氏名に加えて、規則で定めるところにより使用が許される符号を用いる場合を含む。）を用いる場合

四　第9条又は第16条の規定により共同事務所の他の弁護士又は弁護士法人と同一の事務所名称を用いる場合

五　弁護士法人が当該地域内において従たる法律事務所のみを有する場合に、その弁護士法人の主たる法律事務所の名称と同一の名称を用いるとき。

（複数名称の禁止）

第6条　弁護士は、その法律事務所に複数の事務所名称を付してはならない。

（誤認のおそれのある名称の禁止）

第7条　弁護士は、不正の目的をもって他の弁護士、弁護士法人、外国法事務弁護士又は外国法事務弁護士法人と誤認されるおそれのある事務所名称を付してはならない。

（品位を損なう名称の禁止）

第8条　弁護士は、その法律事務所に名称を付するときは、品位を損なう名称を付してはならない。

（共同事務所における事務所名称）

第9条　弁護士は、共同事務所の他の弁護士が事務所名称を付しているとき、又は弁

護士法人と事務所を共にするときは、当該他の弁護士又は弁護士法人と同一の事務所名称を自己の事務所名称として付さなければならない。

（社員等の事務所名称）

第9条の2　社員等は、自己が所属する弁護士法人の法律事務所の名称を、自己の事務所名称として付さなければならない。

（外国法事務弁護士に雇用される場合等の事務所名称）

第9条の3　外国法事務弁護士に雇用される弁護士及び外国法事務弁護士法人の使用人である弁護士は、当該外国法事務弁護士又は外国法事務弁護士法人の事務所の名称を、自己の事務所名称として付さなければならない。

（事務所名称の届出義務）

第10条　弁護士は、その法律事務所に名称を付するときは、規則で定めるところにより、本会に届け出なければならない。

2　弁護士は、その法律事務所の名称として、前項の規定により届け出た名称以外の事務所名称を使用してはならない。

（外国法事務弁護士等との共同事務所の届出等）

第10条の2　弁護士は、外国法事務弁護士又は外国法事務弁護士法人と事務所を共にしようとする場合は、次に掲げるときを除き、当該外国法事務弁護士又は外国法事務弁護士法人と連名で、事務所を共にする旨を本会に届け出なければならない。

一　当該外国法事務弁護士に雇用され、又は当該外国法事務弁護士法人の使用人となるとき。

二　当該外国法事務弁護士又は外国法事務弁護士法人と外国法共同事業を営むとき。

三　当該外国法事務弁護士を雇用するとき。

2　前項の規定による届出をした弁護士は、その事務所名称に、当該外国法事務弁護士又は外国法事務弁護士法人と事務所を共にする旨及び当該外国法事務弁護士又は外国法事務弁護士法人の事務所の名称を付加しなければならない。

3　前2項の規定による届出及び事務所名称の表示に関して必要な事項は、規則で定める。

第3章　弁護士法人及びその法律事務所の名称等

（登記名称以外の使用禁止）

第11条　弁護士法人は、その法人名称として、登記された法人名称以外の名称を使用してはならない。

（同一の法人名称の禁止）

第12条　弁護士法人は、所属弁護士会の地域内にある他の弁護士法人の法人名称又は事務所名称と同一の名称をその法人名称としてはならない。ただし、次に掲げる場合は、この限りでない。

一　他の弁護士法人が当該地域内において従たる法律事務所のみを有する場合に、その弁護士法人と同一の法人名称を用いるとき。

二　当該弁護士法人の社員の氏又は氏名のみ（複数の氏又は氏名を列記する場合に、当該氏又は氏名に加えて、規則で定めるところにより使用が許される符号を用いるときを含む。）を用いる場合

三　弁護士が弁護士法人を設立するに当たって、当該弁護士が現に届け出ていた事務所名称であって人名を用いたものを法人名称とする場合

（複数名称の禁止）

第13条　弁護士法人は、一の法律事務所に複数の事務所名称を付してはならない。

（同一の事務所名称の禁止）

第14条　弁護士法人は、所属弁護士会の地域内にある他の弁護士法人の法人名称又は他の弁護士若しくは弁護士法人の事務所名称と同一の名称をその事務所名称としてはならない。ただし、第12条ただし書の規定により同一の名称を法人名称とすることができる場合において、当該法人名称を主たる法律事務所の事務所名称とするときは、この限りでない。

（従たる法律事務所の名称）

第15条　弁護士法人の従たる法律事務所の名称は、法人名称又は主たる法律事務所の事務所名称に従たる法律事務所であることを明示した文言を付加した名称としなければならない。

（弁護士と弁護士法人との共同事務所の事務所名称）

第16条　弁護士法人は、その社員等でない弁護士と法律事務所を共にするときは、その弁護士と同一の事務所名称を付さなければならない。

（弁護士との共同事務所における弁護士法人の事務所名称）

第17条　弁護士法人は、その社員等でない弁護士と法律事務所を共にするときは、事務所名称中に「弁護士法人」の文字を用いてはならない。

（外国法共同事業を営む弁護士法人の法律事務所の名称）

第18条　外国法共同事業を営む弁護士法人であって、その主たる法律事務所を当該外国法共同事業に係る外国法事務弁護士又は外国法事務弁護士法人の事務所と共にし、かつ、主たる法律事務所に当該外国法事務弁護士又は外国法事務弁護士法人の事務所の名称と同一の名称を付すものは、主たる法律事務所の名称中に「弁護士法人」の文字を用いてはならない。

2　前項の場合において、当該弁護士法人の従たる法律事務所の名称は、法人名称に従たる法律事務所であることを明示した文言を付加した名称としなければなら

ない。

（事務所名称の届出義務）

第19条　弁護士法人は、その法律事務所に名称を付し、規則で定めるところにより、本会に届け出なければならない。

（準用）

第20条　第4条、第7条、第8条及び第10条第2項の規定は、法人名称及び弁護士法人の事務所名称について準用する。

2　第3条第1項の規定は、弁護士法人の事務所名称について準用する。ただし、法人名称を事務所名称とし、又は法人名称に他の文字を付加して事務所名称とするときは、この限りでない。

3　第10条の2（第1項第1号を除く。）の規定は、外国法事務弁護士又は外国法事務弁護士法人と事務所を共にしようとする弁護士法人について準用する。この場合において、同条第1項第3号中「雇用する」とあるのは「使用人とする」と読み替えるものとする。

第4章　違反行為に対する措置

（弁護士名簿等への不記載等）

第21条　本会は、弁護士が本会に届け出た事務所名称がこの規程に違反するものであると認めるときは、その事務所名称を弁護士名簿に記載せず、又は記録しないことができる。

2　本会は、弁護士法人が本会に届け出た法人名称又は事務所名称がこの規程に違反するものであると認めるときは、その法人名称又は事務所名称を弁護士法人名簿に記載せず、又は記録しないことができる。

（是正措置等）

第22条　本会は、弁護士又は弁護士法人がこの規程に違反すると認めるときは、当該弁護士又は弁護士法人に対し、事務所名称又は法人名称の変更を命じ、その他必要な措置を採ることができる。この場合において、本会は、当該弁護士又は弁護士法人に対し、弁明の機会を与えなければならない。

第5章　雑則

（規則への委任）

第23条　この規程に定めるもののほか、事務所名称及び法人名称に関して必要な事項は、規則で定める。

附　則

1　この規程は、平成18年6月1日から施行する。

2　第3条及び第4条の規定は、この規程の施行の際現に使用されている事務所名称については、平成18年12月31日まで適用しない。

3　第5条の規定は、この規程の施行の際現に使用されている事務所名称については、適用しない。

4　この規程の施行の日前に届け出られた弁護士法人の名称及びその従たる法律事務所の名称については、なお従前の例による。

5　弁護士法人の名称に関する規程は、この規程の施行と同時に廃止する。

附　則（平成20年12月5日会規第91号
職務上の氏名に関する規程の制定に伴う会規（外国特別会員関係を除く。）の整備に関する規程　第5条改正）

1　この規程は、成立の日から起算して2年を超えない範囲内において理事会で定める日から施行する。

（平成21年12月17日理事会決議で平成22年12月1日から施行）

2　この規程の施行の際、改正前の法律事務所等の名称等に関する規程第5条第1号の規定により、登録氏又は登録氏名以外の呼称で登録氏又は登録氏名に代わるものとして用いているものを弁護士法人の法人名称又は弁護士若しくは弁護士法人の事務所名称としている者は、なお従前の例による。

附　則（平成26年5月30日改正）

第21条の改正規定は、平成26年7月1日から施行する。

附　則（平成26年12月5日会規第102号
外国法事務弁護士法人制度創設に係る外国弁護士による法律事務の取扱いに関する特別措置法の一部改正に伴う会規（外国特別会員関係を除く。）の整備に関する規程　目次、第2条、第2章の章名、第3条、第4条、第5条、第6条、第7条、第9条、第9条の2、第9条の3、第10条、第10条の2、第3章の章名、第11条、第12条、第13条、第14条、第17条、第18条、第19条、第20条、第21条、第22条改正）抄

第1条　この規程は、外国弁護士による法律事務の取扱いに関する特別措置法の一部を改正する法律（平成26年法律第29号）の施行の日から施行する。

（平成27年政令第414号で平成28年3月1日から施行）

第5条　第11条の規定による改正後の法律事務所等の名称等に関する規程（以下この条において「新規程」という。）第10条の2（第20条第3項において準用する場合を含む。）の規定は、この規程の施行の際現に外国法事務弁護士と事務所を共にする弁護士及び弁護士法人についても適用する。この場合において、新規程第10条の2第1項の規定による届出は、施行日から2週間以内にしなければならない。

9　外国法事務弁護士事務所等の名称等に関する規程

（平成18年3月3日会規第76号）

改正　平成20年12月5日
同　26年5月30日
同　26年12月5日

目次

第1章　総則（第1条・第2条）
第2章　外国法事務弁護士の事務所の名称等（第3条―第9条の2）
第2章の2　外国法事務弁護士法人及びその事務所の名称等（第9条の3―第9条の11）
第3章　違反行為に対する措置（第10条・第11条）
第4章　雑則（第12条）
附則

第1章　総則

（目的）

第1条　この規程は、外国法事務弁護士及び外国法事務弁護士法人の事務所の名称並びに外国法事務弁護士法人の名称に関する事項を定めることを目的とする。

（定義）

第2条　この規程において、次の各号に掲げる用語の意義は、当該各号に定めるところによる。

一　事務所名称　外国法事務弁護士又は外国法事務弁護士法人の事務所の名称をいう。

二　法人名称　外国法事務弁護士法人の名称をいう。

三　社員等　外国法事務弁護士法人の社員又は使用人である外国法事務弁護士をいう。

四　共同事務所 複数の外国法事務弁護士、外国法事務弁護士法人、弁護士又は弁護士法人が共にする事務所
（一の外国法事務弁護士法人の事務所及び一の弁護士法人の法律事務所を除く。）をいう。

五　特別措置法　外国弁護士による法律事務の取扱いに関する特別措置法（昭和61年法律第66号）をいう。

六　外国法共同事業　特別措置法第2条第15号に規定する外国法共同事業をいう。

第2章　外国法事務弁護士の事務所の名称等

（外国法事務弁護士の事務所名称）

第3条　外国法事務弁護士（外国法事務弁護士法人の社員等を除く。以下この条において同じ。）の事務所は、外国法事務弁護士事務所と称さなければならない。ただし、外国法共同事業を営む外国法事務弁護士の事務所については、当該外国法事務弁護士が当該外国法共同事業に係る弁護士又は弁護士法人と事務所（弁護士法人にあっては、その主たる事務所に限る。）を共にし、かつ、当該外国法共同事業において行う法律事務の範囲に制限を設けていない場合であって、その弁護士又は弁護士法人の事務所の名称中に「外国法共同事業」の文字があるときは、これと同一の名称を使用することができる。

2　外国法事務弁護士の事務所の名称中には、他の個人又は団体（当該外国法事務弁護士が事務所を共にする外国法事務弁護士又はその事務所を除く。）の名称を用いてはならない。ただし、次に掲げる場合は、この限りでない。

一　法律事務の処理を目的とする原資格国の法人、組合その他の事業体で自己が所属するもの（以下「所属事業体」という。）の名称を用いる場合であって、次のイ又はロのいずれかに該当するとき。

イ　当該所属事業体の名称を用いている外国法事務弁護士又は外国法事務弁護士法人がない場合

ロ　既に当該所属事業体の名称を用いている外国法事務弁護士又は外国法事務弁護士法人がある場合において、その外国法事務弁護士又は外国法事務弁護士法人と事務所を共にするとき。

二　前項ただし書の規定により弁護士又は弁護士法人と同一の名称を使用する場合

3　外国法事務弁護士の事務所の名称中には、「法律事務所」、「弁護士法人」又は「外国法事務弁護士法人」の文字を用いてはならない。ただし、第1項ただし書の規定により弁護士又は弁護士法人と同一の名称を使用する場合であって、「法律事務所」の文字を用いるときは、この限りでない。

（使用文字）

第4条　外国法事務弁護士の事務所名称には、規則で定めるところにより、日本文字のほか、ローマ字、アラビア数字その他の符号を用いることができる。

（同一名称の禁止）

第5条　外国法事務弁護士は、所属弁護士会の地域内にある他の外国法事務弁護士又は外国法事務弁護士法人の事務所名称と同一の名称をその事務所名称としてはならない。ただし、次に掲げる場合は、この限りでない。

一　自己の氏又は氏名（職務上の氏名を使用している者については、職務上の氏名の氏又は職務上の氏名をいう。以下同じ。）のみを用いる場合

二　共同事務所の他の外国法事務弁護士（当該共同事務所の外国法事務弁護士であった者で、その共同事務所に所属していた期間中に、特別措置法第30条第1項第5号の規定により外国法事務弁護士名簿の登録を取り消されたものを含む。次号において同じ。）の氏又は氏名のみ（複数の氏又は氏名を列記する場合に、当該氏又は氏名に加えて、規則で定めるところにより使用が許される符号を用いるときを含む。）を用いる場合

三　自己の氏又は氏名及び共同事務所の他の外国法事務弁護士の氏又は氏名のみ（当該氏又は氏名に加えて、規則で定めるところにより使用が許される符号を用いる場合を含む。）を用いる場合

四　第8条の2第1項の規定により共同事務所の他の外国法事務弁護士と同一の事務所名称を用いる場合

五　外国法事務弁護士法人が当該地域内において従たる事務所のみを有する場合に、その外国法事務弁護士法人の主たる事務所の名称と同一の名称を用いるとき。

（複数名称の禁止）

第6条　外国法事務弁護士は、その事務所に複数の事務所名称を付してはならない。

（誤認のおそれのある名称の禁止）

第7条　外国法事務弁護士は、不正の目的をもって他の外国法事務弁護士、外国法事務弁護士法人、弁護士又は弁護士法人と誤認されるおそれのある事務所名称を付してはならない。

（品位を損なう名称の禁止）

第8条　外国法事務弁護士は、その事務所に品位を損なう名称を付してはならない。

（共同事務所における事務所名称）

第8条の2　外国法事務弁護士は、他の外国法事務弁護士と事務所を共にするときは、当該他の外国法事務弁護士と同一の事務所名称を自己の事務所名称として付さなければならない。ただし、正当な理由がある場合は、この限りでない。

（社員等の事務所名称）

第8条の3　社員等は、自己が所属する外国法事務弁護士法人の事務所の名称を、自己の事務所名称として付さなければならない。

（弁護士に雇用される場合等の事務所名称）

第8条の4　弁護士に雇用される外国法事務弁護士及び弁護士法人の使用人である外国法事務弁護士は、当該弁護士又は弁護士法人の事務所の名称を、自己の事務所名称として付さなければならない。

（事務所名称の届出義務）

第9条　外国法事務弁護士は、その事務所に名称を付し、規則で定めるところにより、本会に届け出なければならない。

2　外国法事務弁護士は、その事務所の名称として、前項の規定により届け出た名称以外の事務所名称を使用してはならない。

（共同事務所の届出等）

第9条の2　外国法事務弁護士は、第8条の2ただし書の規定により共同事務所の他の外国法事務弁護士と同一の事務所名称を自己の事務所名称として付さないとき、自己が社員等でない外国法事務弁護士法人と事務所を共にしようとするとき、又は次に掲げるときを除き弁護士若しくは弁護士法人と事務所を共にしようとする場合は、当該他の外国法事務弁護士、外国法事務弁護士法人、弁護士又は弁護士法人と連名で、事務所を共にする旨を本会に届け出なければならない。

一　当該弁護士に雇用され、又は当該弁護士法人の使用人となるとき。

二　当該弁護士又は弁護士法人と外国法共同事業を営むとき。

三　当該弁護士を雇用するとき。

2　前項の規定による届出をした外国法事務弁護士は、その事務所名称に、当該他の外国法事務弁護士、外国法事務弁護士法人、弁護士又は弁護士法人と事務所を共にする旨及び当該他の外国法事務弁護士、外国法事務弁護士法人、弁護士又は弁護士法人の事務所の名称を付加しなければならない。

3　前2項の規定による届出及び事務所名称の表示に関して必要な事項は、規則で定める。

第2章の2　外国法事務弁護士法人及びその事務所の名称等

（登記名称以外の法人名称の使用禁止）

第9条の3　外国法事務弁護士法人は、その法人名称として、登記された法人名称以外の名称を使用してはならない。

（同一の法人名称の禁止）

第9条の4　外国法事務弁護士法人は、所属弁護士会の地域内にある他の外国法事務弁護士法人の法人名称又は事務所名称と同一の名称をその法人名称としてはならない。ただし、次に掲げる場合は、この限りでない。

一　他の外国法事務弁護士法人が当該地域内において従たる事務所のみを有する場合に、その外国法事務弁護士法人と同一の法人名称を用いるとき。

二　当該外国法事務弁護士法人の社員の氏又は氏名のみ（複数の氏又は氏名を列記する場合に、当該氏又は氏名に加えて、規則で定めるところにより使用が許される符号を用いるときを含む。）を用いる場合

三　外国法事務弁護士が外国法事務弁護士法人を設立するに当たって、当該外国法事務弁護士が現に届け出ていた事務所名称であって人名を用いたものを法人名称とする場合

（外国法事務弁護士法人の事務所名称）

第9条の5 外国法事務弁護士法人は、その事務所名称中に当該外国法事務弁護士法人の法人名称を用いなければならない。ただし、外国法共同事業を営む外国法事務弁護士法人の主たる事務所については、当該外国法事務弁護士法人が当該外国法共同事業に係る弁護士又は弁護士法人と事務所（弁護士法人又は外国法事務弁護士法人にあっては、その主たる事務所に限る。）を共にし、かつ、当該外国法共同事業において行う法律事務の範囲に制限を設けていない場合であって、その弁護士又は弁護士法人の事務所（弁護士法人にあっては、その主たる事務所に限る。）の名称中に「外国法共同事業」の文字があるときは、これと同一の名称を使用することができる。

2 外国法事務弁護士法人の事務所の名称中には、他の個人又は団体の名称を用いてはならない。ただし、次に掲げる場合は、この限りでない。

一 当該外国法事務弁護士法人の社員の所属事業体の名称を用いる場合であって、次のイ又はロのいずれかに該当するとき。

イ 当該所属事業体の名称を用いている外国法事務弁護士又は外国法事務弁護士法人がない場合

ロ 既に当該所属事業体の名称を用いている外国法事務弁護士又は外国法事務弁護士法人がある場合において、その外国法事務弁護士又は外国法事務弁護士法人と事務所を共にするとき。

二 前項ただし書の規定により弁護士又は弁護士法人と同一の名称を使用する場合

三 外国法事務弁護士法人の事務所の名称中には、「法律事務所」又は「弁護士法人」（「外国法事務弁護士法人」の文字に使用されている場合を除く。）の文字を用いてはならない。ただし、第1項ただし書の規定により弁護士又は弁護士法人と同一の名称を使用する場合であって、「法律事務所」の文字を用いるときは、この限りでない。

（複数名称の禁止）

第9条の6 外国法事務弁護士法人は、一の事務所に複数の事務所名称を付してはならない。

（同一の事務所名称の禁止）

第9条の7 外国法事務弁護士法人は、所属弁護士会の地域内にある他の外国法事務弁護士法人の法人名称又は事務所名称と同一の名称をその事務所名称としてはならない。ただし、第9条の4ただし書の規定により同一の名称を法人名称とすることができる場合において、当該法人名称を主たる事務所の事務所名称とするときは、この限りでない。

（従たる事務所の名称）

第9条の8 外国法事務弁護士法人の従たる事務所の名称は、法人名称又は主たる事務所の事務所名称に従たる事務所であることを明示した文言を付加した名称としなければならない。

（事務所名称の届出義務）

第9条の9　外国法事務弁護士法人は、その事務所に名称を付し、規則で定めるところにより、本会に届け出なければならない。

（共同事務所の届出等）

第9条の10　外国法事務弁護士法人は、その社員等でない外国法事務弁護士若しくは他の外国法事務弁護士法人と事務所を共にしようとするとき、又は次に掲げるときを除き弁護士若しくは弁護士法人と事務所を共にしようとする場合は、当該外国法事務弁護士、他の外国法事務弁護士法人、弁護士又は弁護士法人と連名で、事務所を共にする旨を本会に届け出なければならない。

一　当該弁護士又は弁護士法人と外国法共同事業を営むとき。

二　当該弁護士を雇用するとき。

2　前項の規定による届出をした外国法事務弁護士法人については、第9条の2第2項及び第3項の規定を準用する。

（準用）

第9条の11　第4条、第7条、第8条及び第9条第2項の規定は、法人名称及び外国法事務弁護士法人の事務所名称について準用する。

第3章　違反行為に対する措置

（外国法事務弁護士名簿への不記載等）

第10条　本会は、外国法事務弁護士が本会に届け出た事務所名称がこの規程に違反するものであると認めるときは、その事務所名称を外国法事務弁護士名簿に登録しないことができる。

2　本会は、外国法事務弁護士法人が本会に届け出た法人名称又は事務所名称がこの規程に違反するものであると認めるときは、その法人名称又は事務所名称を外国法事務弁護士法人名簿に記載せず、又は記録しないことができる。

（是正措置等）

第11条　本会は、外国法事務弁護士又は外国法事務弁護士法人がこの規程に違反すると認めるときは、当該外国法事務弁護士又は外国法事務弁護士法人に対し、事務所名称又は法人名称の変更を命じ、その他必要な措置を採ることができる。この場合において、本会は、当該外国法事務弁護士又は外国法事務弁護士法人に対し、弁明の機会を与えなければならない。

第4章　雑則

（規則への委任）

第12条　この規程に定めるもののほか、事務所名称及び法人名称に関して必要な事項は、規則で定める。

附　則

この規程は、平成18年6月1日から施行する。

附　則（平成20年12月5日会規第92号
外国法事務弁護士の職務上の氏名に関する規程の制定に伴う外国特別会員関係会規の整備に関する規程　第5条改正）

1　この規程は、成立の日から起算して2年を超えない範囲内において理事会で定める日から施行する。

（平成21年12月17日理事会決議で平成22年12月1日から施行）

2　この規程の施行の際、改正前の外国法事務弁護士事務所の名称に関する規程第5条第1号の規定により、登録氏又は登録氏名以外の呼称で登録氏又は登録氏名に代わるものとして用いているものを外国法事務弁護士の事務所名称としている者は、なお従前の例による。

附　則（平成26年5月30日改正）

第10条の改正規定は、平成26年7月1日から施行する。

附　則（平成26年12月5日会規第101号
外国法事務弁護士法人制度創設に係る外国弁護士による法律事務の取扱いに関する特別措置法の一部改正に伴う会規（外国特別会員関係）の整備に関する規程　題名、目次、第1条、第2条、第2章の章名、第3条、第4条、第5条、第6条、第7条、第8条、第8条の2、第8条の3、第8条の4、第9条、第9条の2、第2章の2、第10条、第11条、第12条改正）抄

第1条　この規程は、外国弁護士による法律事務の取扱いに関する特別措置法の一部を改正する法律（平成26年法律第29号）の施行の日から施行する。（後略）

（平成27年政令第414号で平成28年3月1日から施行）

第4条　第11条の規定による改正後の外国法事務弁護士事務所等の名称等に関する規程第9条の2の規定は、この規程の施行の際現に同条第1項各号列記以外の部分に規定する場合に該当する外国法事務弁護士についても適用する。この場合において、同項の規定による届出は、施行日から2週間以内にしなければならない。

10　弁護士の報酬に関する規程

（平成16年2月26日会規第68号）

改正　平成20年12月5日
同　26年12月5日

（目的）

第1条　この規程は、会則第87条第2項（弁護士法人規程（会規第47号）第19条において準用する場合を含む。）の規定に基づき、弁護士及び弁護士法人（以下「弁護士等」という。）の報酬に関し必要な事項を定めることを目的とする。

（弁護士等の報酬）

第2条　弁護士等の報酬は、経済的利益、事案の難易、時間及び労力その他の事情に照らして適正かつ妥当なものでなければならない。

（報酬基準）

第3条　弁護士等は、弁護士等の報酬に関する基準を作成し、事務所に備え置かなければならない。

2　前項の基準には、報酬の種類、金額、算定方法、支払時期その他弁護士等の報酬を算定するために必要な事項を明示しなければならない。

（報酬見積書）

第4条　弁護士等は、法律事務を依頼しようとする者から申出があったときは、その法律事務の内容に応じた報酬見積書の作成及び交付に努める。

（報酬の説明及び契約書の作成）

第5条　弁護士等は、法律事務を受任するに際し、弁護士等の報酬及びその他の費用について説明しなければならない。

2　弁護士等は、法律事務を受任したときは、弁護士等の報酬に関する事項を含む委任契約書を作成しなければならない。ただし、委任契約書を作成することに困難な事由があるときは、その事由がやんだ後、これを作成する。

3　前項の規定にかかわらず、受任した法律事務が、法律相談、簡易な書面の作成又は顧問契約等継続的な契約に基づくものであるときその他合理的な理由があるときは、委任契約書の作成を要しない。

4　第2項の規定により作成する委任契約書には、受任する法律事務の表示及び範囲、弁護士等の報酬の種類、金額、算定方法及び支払時期、委任事務の終了に至るまで委任契約の解除ができる旨並びに委任契約が中途で終了した場合の清算方法を記載しなければならない。

（情報の提供）

第6条　弁護士等は、弁護士等の報酬に関する自己の情報を開示し、及び提供するよう努める。

附　則

1　この規程は、平成16年4月1日から施行する。

2　この規程の施行の際現に受任している法律事務の弁護士の報酬については、なお従前の例による。

附　則（平成20年12月5日改正）

第5条第4項の改正規定は、平成21年4月1日から施行する。

附　則（平成26年12月5日会規第102号

外国法事務弁護士法人制度創設に係る外国弁護士による法律事務の取扱いに関する特別措置法の一部改正に伴う会規（外国特別会員関係を除く。）の整備に関する規程　第1条、第2条、第3条、第4条、第5条、第6条改正）抄

第1条　この規程は、外国弁護士による法律事務の取扱いに関する特別措置法の一部を改正する法律（平成26年法律第29号）の施行の日から施行する。

（平成27年政令第414号で平成28年3月1日から施行）

11　会員サポート窓口運営規則

（平成29年2月17日規則第179号）

（設置）

第1条　本会に、会員サポート窓口を置く。

（目的）

第2条　会員サポート窓口は、弁護士、弁護士法人、外国法事務弁護士及び外国法事務弁護士法人（以下「会員」という。）の職務又は業務に関して生じた各種の問題について、第4条第1項に規定するサポート相談員が相談に応じ、もって、会員の職務又は業務の円滑かつ適切な遂行に資することを目的とする。

（相談の対象）

第3条　会員サポート窓口は、会員の職務又は業務に関して生じた各種の問題に関する事案又は事項を取り扱う。ただし、次に掲げる事案又は事項（第2号から第5号までに掲げる事案に関係する制度の内容及びそれらの手続に関する一般的事項を除く。）については、この限りでない。

一　個別の事件処理に関する法律相談に該当する事項

二　本会又は弁護士会の資格審査会に係属し、又は係属していた事案

三　本会又は弁護士会の懲戒の手続に付され、又は付されていた事案

四　弁護士会の紛議調停委員会に係属し、又は係属していた事案

五　弁護士法（昭和24年法律第205号）第72条に規定する非弁護士の法律事務の取扱い等の禁止等に関する調査を行う弁護士会の委員会等において調査手続に付され、又は付されていた事案

六　前各号に掲げるもののほか、前条の目的に照らし、相談に応じることが適当でない事案又は事項

（サポート相談員）

第4条　会長は、弁護士登録の期間が5年以上である弁護士の中から、会員サポート窓口の相談を担当する者（以下「サポート相談員」という。）を選任する。

2　サポート相談員は、20人程度とする。

3　サポート相談員の任期は、2年とする。ただし、他のサポート相談員の任期の途中において選任されたサポート相談員の任期は、他のサポート相談員の残任期間と同一とする。

4　会長は、サポート相談員の氏名（職務上の氏名を使用している者については、職務上の氏名をいう。以下同じ。）を細則で定める方法により公開する。

（相談の申出）

第5条　相談の申出は、会員のうち弁護士及び外国法事務弁護士並びにそれらの者の親族並びに会員の事務所の事務職員が行うことができる。

2　相談の申出を行おうとする者（以下「相談申出人」という。）は、サポート相談員又は本会の担当事務局（以下「担当課」という。）に対し、電話、ファクシミリ又は電子メール（特定電子メールの送信の適正化等に関する法律（平成14年法律第26号）第2条第1号に規定する電子メールをいう。）の方法により、相談の申出を行うものとする。

3　前項の場合において、担当課に対して相談の申出があったときは、担当課は、次に掲げる事項を確認の上、直ちに弁護士職務の適正化に関する委員会（以下「委員会」という。）の委員長（以下「委員長」という。）又は委員長が不在等で連絡が取れない場合は、あらかじめ委員会が定める委員会の副委員長（以下「担当委員長等」と総称する。）に相談の申出があった旨を連絡する。

一　相談申出人の氏名及び連絡先

二　相談申出人が会員の場合にあってはその登録番号、相談申出人が会員以外の場合にあっては当該相談の対象である会員の氏名又は名称及び登録番号又は届出番号

4　担当委員長等は、前項の規定により相談の申出の連絡を受けたときは、速やかに、当該相談に係るサポート相談員を指名する。

5　担当委員長等は、前項に規定するサポート相談員の指名を、あらかじめ委員会が指定する委員会の委員に委任することができる。

（関与できない事案）

第6条　担当委員長等（前条第5項の規定により委任を受けた委員会の委員を含む。以下同じ。）及びサポート相談員は、次の事案に関するサポート相談員の指名又は相談に関与することができない。

一　自己又は自己の配偶者若しくは三親等内の親族に関する事案

二　本会の懲戒委員会、綱紀委員会又は綱紀審査会において関与した事案

（相談の方法等）

第7条　第5条第2項の規定により直接相談の申出を受けたサポート相談員及び同条第4項の規定により指名されたサポート相談員は、迅速に当該相談に応じるように努める。

2　相談に応じたサポート相談員は、相談申出人に対し助言を行うとともに、必要があると認めるときは、本会の他の委員会等に対し、相談申出人及び当該相談の対象である会員が特定されない方法で行う場合に限り、支援、協力等を要請することができる。

3　相談に応じたサポート相談員は、必要があると認める場合であって相談申出人が同意したときは、当該相談の対象である会員が所属する弁護士会又は当該弁護士会が所属する弁護士会連合会の委員会等に対し、支援、協力等を要請することができる。この場合において、支援、協力等の要請を受けた弁護士会又は弁護士会連合会は、その要請に応じるよう努める。

4　相談に応じたサポート相談員は、相談終了後、遅滞なく委員長に相談の概要を報告するものとする。

（秘密の保持等）

第8条　担当委員長等及びサポート相談員並びに担当課の職員は、相談申出人及び当該相談の対象である会員の氏名又は名称、事務所の名称、相談の内容その他の職務上知り得た秘密を漏らしてはならない。その職を退いた後も、同様とする。

2　前項の規定にかかわらず、担当委員長等及びサポート相談員は、当該相談の内容が非行に該当し、かつ、その非行の事実が重大であるとき、又は非行による被害が拡大するおそれが明白であるときは、相談申出人に通知の上、当該非行の事実を当該相談の対象である会員が所属する弁護士会の会長に報告することができる。この場合において、サポート相談員は、その報告に先立ち、相談申出人又は当該相談の対象である会員に対し、当該非行の事実を所属する弁護士会の会長に自ら申告するよう説得に努めなければならない。

（信頼関係の保持）

第9条　相談申出人及び当該相談に応じたサポート相談員は、互いに、相談の申出をしたこと及び相談に応じたことによる信頼関係を保持するよう努めなければならない。

（免責）

第10条　本会、担当委員長等、サポート相談員、第7条第2項の規定により支援、協力等を行った本会の他の委員会等及び同条第3項前段の規定により支援、協力等を行った相談の対象である会員が所属する弁護士会又は当該弁護士会が所属する弁護士会連合会の委員会等は、相談申出人及び相談の対象である会員に対し、相談に関する回答、助言、支援、協力等について何ら責めを負わない。

（細則）

第11条　この規則を実施するために必要な事項は、会長が細則で定める。

附　則

1　この規則は、平成29年10月1日から施行する。

2　この規則の施行後最初に選任されるサポート相談員の任期は、第4条第3項本文の規定にかかわらず、平成30年3月31日までとする。

◆事項別索引◆

あ

アフィリエイト広告……………………33
アンビュランス・チェイサー…………103

い

遺産分割相談センター…………………81
一斉送信……………………… 113, 116
一般の法律事件………………… 24, 38
違反行為に対する措置…………………18
依頼者……………………………………7
依頼者の意思……………………………56
依頼者の紹介…………………………128
Instagram ………………………………4
インターネット…………………………17
インタビュー記事……………………122

う

ウェブ広告……………………………117
ウェブサイト……………………………11
打消し表示……………………………134

え

エキスパート……………………………78
SNS……………………………………116

お

王冠マーク……………………………126
お客様の声………………………………85
屋外広告物………………………………62
おすすめ弁護士…………………………34
オペレーター…………………………119
折込み広告………………………………62

か

会員サポート窓口……………………139
解決件数…………………………………31
解決事例………………………………132
架空請求…………………………………48
過去に取扱い又は関与した事件… 7, 63
過払い案件………………………………31
過払い金診断…………………………129
関心のある分野…………………………80
勧誘……………………………………109

き

奇異………………………………………62
共同で広告をする場合…………………54
業務停止…………………………………44
虚偽広告…………………………………31
禁止される広告…………………………18

く

クーリングオフ…………………………55

け

景品表示法………………………………14
検索条件………………………………130
権利侵害…………………………………95

こ

公益上の必要……………………103, 112
広告記事………………………………121
広告記録の保存義務……………………70
広告調査権………………………………17
広告であることを表示………………107

広告塔……71
広告の内容……30
広告媒体……18
広告板……71
広告幕……71
広告料……30, 36
コールセンター……32, 119
顧客台帳……109
顧客の誘引……21
個人情報取扱事業者……12
個人情報保護法……12
誇大又は過度な期待を抱かせる広告……58, 60
誤導又は誤認のおそれのある広告……60, 92
顧問先……7
困惑させ、又は過度な不安をあおる広告……60

さ

最高裁平成22年7月20日判決……40
債務整理事件……56
債務整理相談センター……81
詐欺的投資商法……44
雑誌広告……71
サポート相談員……143

し

事件処理……31
事件処理方針の決定……32
事件数……126
事件性……38
事件性必要説……38
事件性不要説……38
事件屋……27
事実に合致していない広告……59, 92
指針……17
司法書士事務所……27
事務員……28
事務所報……107
事務所名称……82
事務長……46
借金診断……129
集客……21
周旋……26
受任件数……36
受任中の事件……66
守秘義務……87
肖像権……95
勝訴率……7
消費者事件……13
消費者被害……45
所属する弁護士会……52
暑中見舞い……71
書面による同意……65
人的物的インフラ……32
新聞紙広告……71

す

スペシャリスト……78

せ

成功報酬……33
積極的に取り組んでいる分野……80
潜在的な事件性……41
専門分野……78
専門分野の認定制度……132

そ

相談センター……81

た

退職代行サービス……42
ダイレクトメール……62, 102
立て看板……71
探偵事務所……46

ち

着手金詐欺……44
着手金0円……134
懲戒処分……14
著作権……95
著作権侵害……95

つ

通信手段……54
通信内容……130
Twitter……4

て

低俗……62
電子メール……113
電話広告……117
電話帳広告……71

と

同窓会名簿……113
得意分野……80, 115
特定の事件……104, 109
取扱い分野……80

な

投げ込み広告……62
なりすまし詐欺……48

ね

年賀状……71

の

乗っ取り……36
のぼり旗……71

は

破産管財事件……13
破産事件……75
バナー……5
バナー広告……54
パブリシティ権……95
ハンドルネーム……4

ひ

比較広告……60, 92
非弁業者……26
非弁行為……23, 26
非弁提携……26
広く一般に知られている事件……68
品位又は信用を損なうおそれのある広告……61

ふ

Facebook……4
不起訴率……76
不招請勧誘……109
プロ……78

へ

弁護士業務広告……2
弁護士業務広告禁止……9
弁護士紹介サイト……126
弁護士等の証明責任……70

弁護士等の調査協力義務……………70
弁護士の氏名…………………………52
弁護士へのアクセス…………………10
弁護士報酬……………………………133
弁護士報酬規程………………………134
弁護士又は弁護士法人でない者……24
弁護士ランキング………… 121, 126

ほ

報酬額…………………………………126
報酬分配の禁止………………………127
法的紛議…………………… 38, 42
ホームページ…………………………99
法律事務…………………… 24, 28
法律事務所へのアクセス……………12
法律相談会……………………………36
法令等に違反する広告………………61
補助者…………………………………28

み

未公開株………………………………44

め

名義貸し………………………………36
名刺……………………………………114
メディア………………………………121
面識のない者…………………………114
免責許可率……………………………75
面談……………………………………56

ゆ

URL ……………………………………96
有罪判決………………………………36
有利誤認表示…………………………14

り

離婚相談センター……………………81
利用規約………………………………96

わ

割安な報酬……………………………58

あとがき

「弁護士業務広告」の分野は、多くの弁護士が日弁連による規制を理解したいと考えているにもかかわらず、ごくわずかな解説書しかありません。

その理由は、この分野の原稿を書ける人が極めて少ないことによります。すなわち、弁護士の違反広告に対しては、弁護士会による調査や会立件による懲戒請求がなされ得るところ、弁護士会による調査や措置に関する経験のある弁護士でないと、生きた原稿が書けないのです。

今回は、法友会会員のうち、非弁護士取締委員会・非弁提携弁護士対策本部の委員、そして、非弁取締り・弁護士不祥事対応担当の東京弁護士会副会長経験者から執筆者を募りました。その結果、日弁連「弁護士職務の適正化に関する委員会」委員長経験者の大ベテランから若手まで、幅広い層から執筆者が集まってくれました。皆さん、広告事案の取扱いに慣れているためか、期限通りに原稿が提出され、円滑な編集ができました。法友会は、まさに人材の宝庫だと実感した次第です。

他方、本書の編集を担当したのは、法友会令和3年度業務改革委員会担当の副幹事長・事務次長のメンバーです。出版企画に通暁し、章立て、Q出し、全体の構成と担当を瞬時に決定し、グーグルドライブを活用して提出原稿を整理してくれました。

最後に、手本になる類書のない分野で、想像力を働かせていろいろなアドバイスをくださった株式会社ぎょうせい出版事業部の田村佳巳さん、浅野亮さんに心より感謝を申し上げます。

2021年（令和3年）12月

令和3年度　法友会業務改革委員会委員長

石本　哲敏

実践　弁護士業務広告Q&A
―規制の理解を踏まえた効果的な顧客訴求―

令和4年2月15日　第1刷発行

編　集　東京弁護士会法友会

発　行　株式会社ぎょうせい

〒136-8575　東京都江東区新木場1-18-11
URL：https://gyosei.jp

フリーコール　0120-953-431
ぎょうせい　お問い合わせ　検索　https://gyosei.jp/inquiry/

〈検印省略〉

印刷　ぎょうせいデジタル（株）

ISBN978-4-324-11108-6
（5108781-00-000）
〔略号：弁護士広告QA〕